Roger Mielke

Berührt

Erfahrungen und Gedanken
auf dem Weg des Glaubens

Impressum

Bibliografische Information der Deutschen Nationalbibliothek: Die Deutsche Nationalbibliothek verzeichnet diese Publikation in der Deutschen Nationalbibliografie; detaillierte bibliografische Daten sind im Internet über dnb.dnb.de abrufbar.

© 2019 Roger Mielke

Herstellung und Verlag: BoD – Books on Demand, Norderstedt

ISBN: 978-3-7504-3542-1

FSC
www.fsc.org

MIX
Papier aus verantwortungsvollen Quellen
Paper from responsible sources
FSC® C105338

Inhalt

Fotos:

Rolf Gerlach: Umschlag, S. 7, S. 33;
Tom Kattwinkel: S. 24, S. 77;
Roger Mielke: S. 16, S. 45, S. 60, S. 69.

Vorwort

Fast dreißig Jahre lang bin ich Pastor, habe Menschen begleitet, ihnen zugehört, manchmal Ratschläge gegeben, habe getauft, konfirmiert, getraut, habe im Sterben begleitet und beerdigt. Was ist mir dabei wichtig gewesen, was hat mich getragen – auch in den Tiefen meines Dienstes?

Wenn ich mir darüber Rechenschaft gebe, wird mir deutlich: Am Anfang, in der Mitte und am Ende stand und steht diese eine Grunderfahrung, berührt zu sein von einer Wirklichkeit, die tiefer, größer, umfassender ist als ich selbst. Die Bibel spricht von dem lebendigen Gott, der „die Quelle des Lebens" ist (Psalm 36,10), der menschliches Leben und alle Geschöpfe von „allen Seiten umgibt" (Psalm 139, 5).

Ich habe immer wieder gefunden, dass an den echten Brüchen des Lebens, wenn wirklich in Frage steht, was noch trägt und Bestand hat, diese Nähe Gottes zutiefst tröstet, aufrichtet und verändert – wenn Menschen zulassen, dass Gott sie berührt. Nach vielen Jahren als Gemeindepfarrer und als Oberkirchenrat in einem eher politischen Amt arbeite ich heute mit Soldatinnen und Soldaten. Hier erlebe ich oft einen tiefen Respekt vor der christlichen Tradition, vor den Werten, die damit verbunden sind und bei nicht wenigen auch die Erfahrung, in sehr schwierigen Lagen durchgetragen worden zu sein. Ein junger Offizier sagte mir einmal nach einem Morgengebet: „In Afghanistan habe ich wieder gelernt zu beten." Das hat mich sehr bewegt.

Gut hat mir der Satz gefallen „Nur wer Halt hat, kann Haltung zeigen." Ohne zu leugnen, dass es verschiedene Arten von „Halt" geben kann, glaube ich doch, dass ein lebendiges und persönliches Vertrauen darauf, mit der „Quelle des Lebens" verbunden und von Seiner Liebe umgeben zu sein, der tiefste Halt ist, den es geben kann.

Mit diesem kleinen Büchlein möchte ich zum christlichen Glauben einladen. Ich möchte das so tun, dass ich von persönlichen Erfahrungen auf meinem Glaubensweg berichte und so Rechenschaft von dem gebe, was mir auf dem Weg des Glaubens wichtig geworden ist. Das hier Geschriebene ist in diesem Sinne sehr persönlich und doch ist es auch mehr: der Versuch im Hören auf die Bibel und auf die Stimmen der Väter und Mütter im Glauben, auf die Stimmen anderer Christenmenschen nicht minder, eine Antwort auf die Frage zu geben: Warum bin ich Christ?

Ich gebe diese Rechenschaft ganz bewusst als evangelischer Pfarrer. Wichtig ist mir dabei allerdings nicht in erster Linie eine konfessionelle Tradition, vielleicht sogar in Abgrenzung von anderen Konfessionen. Entscheidend ist vielmehr eine persönliche Begegnung mit Jesus Christus, eine Erfahrung mit Ihm, die nur Er selbst schenken kann. Die bewusst evangelische Konzentration auf Jesus Christus ist dabei verankert in einem gemeinsam Christlichen, in dem „Katholischen" im Sinne dieses Gemeinsamen – in diesem Sinne ist dieses Büchlein ökumenisch.

Den einzelnen Themen sind Abschnitte aus der Bibel – in der Übersetzung der „Gute Nachricht Bibel" – nachgestellt: jeweils ein Psalm und einige Texte, die nicht unbedingt zu den bekannten Stellen der Bibel gehören. Jeder einzelne Bibelabschnitt hat in meinem Leben eine besondere Rolle gespielt, hat in eine Frage hineingesprochen, hat Antworten nahegelegt. Diese Abschnitte der Bibel wollen deutlich machen, dass das hier Gesagte den Anspruch erhebt, aus dem Hören auf das Wort Gottes heraus gewachsen zu sein. In dieses Hören soll das Büchlein wiederum hineinführen. Die Psalmen wollen gebetet werden, vielleicht auch indem man dem jeweiligen Thema nachsinnt und einen Psalm betend durch eine gewisse Zeit mitnimmt. Die anderen Texte wollen bedacht und meditiert werden in einem langsamen, bedächtigen Umgang, den die geistliche Tradition ruminatio („Wiederkäuen") nannte. So kann aus den hier vorgelegten schlichten Überlegungen vielleicht eine geistliche Übung werden, also eine Einweisung in den Raum der Gegenwart Gottes.

Koblenz im September 2019

Dr. Roger Mielke, Militärdekan
Evangelisches Militärpfarramt Koblenz III
Zentrum Innere Führung

1. Glauben – eine liebevolle Beziehung

„Glauben" – das ist ein unklares Wort. Wir müssen erklären, was wir damit meinen. Manchmal hört man: „Glauben heißt: nicht wissen". Wenn es nur dies wäre, dann wäre der Glaube etwas Undeutliches, etwas Ungefähres. Dann könnte man froh sein, wenn man vom bloßen Glauben zu einem sicheren Wissen voranschreiten könnte. Viele Menschen denken sich das heute so: früher hatten die Menschen „Religion", heute haben wir die „Wissenschaft". Aber: Glaube ist etwas ganz anderes als ein „unsicheres" Wissen, über das wir hinaus zu gelangen hätten. Ich möchte es so sagen: Glaube ist eine Beziehung, genauer: eine „Liebes-Beziehung" zwischen dem lebendigen Gott und mir. Dieser lebendige Gott ist die Wirklichkeit, die sich mir bedingungslos zuwendet, die mein Leben und alles Leben, die ganze Welt, trägt und hält, Er ist die „Quelle des Lebens" (Psalm 36,10). *Liebes-Beziehung* heißt nun auch: dieser Gott ist keine unpersönliche Kraft oder eine namenlose Macht. Dieser Gott hat ein Gesicht, und er hat Stimme. Ich darf erfahren, wie er mich anschaut, wie er zu mir redet, wir er mich führt, mich korrigiert. Dieser Gott ist Person: ein Gegenüber, das mich anredet, ein Gegenüber, zu dem ich „Du" sagen kann. Er sucht mein Vertrauen, meine Hingabe – wie eine liebende Person es tut, und doch auch unendlich viel tiefer und weiter. Er steht hinter allem, er begegnet in allem.

Das ist zunächst ein Widerspruch, den wir logisch nicht auflösen können: Gott ist ein liebendes „Du" und gleichzeitig die größte schöpferische Macht. Er ist in mir und in allem, und doch unendlich größer als ich und als alles. Gerade dieser „Widerspruch" macht das besondere dieser Beziehung aus: Gott ist unendlich nah und unendlich fern. Nichts existiert ohne ihn und doch können wir ihn, den Nahen und Fernen, so leicht übersehen. So leicht, wie man eben das Alltägliche und Selbstverständliche übersieht. „Glaube" heißt, in Beziehung zu leben zu dieser tragenden und alles umfassenden Wirklichkeit. Und zwar in einer Beziehung, die nicht nur sparsam ausgegrenzte Zeiten in meinem Leben hat: an einem Festtag etwa oder in einer Lebenskrise, wenn ich mich in meiner Not an eine Ahnung von Gott klammere. Das eine, der Ruf aus der Not, hat sein Recht ebenso wie das andere, die ausgegrenzten Zeiten. Die großen Festzeiten im Jahreslauf sind eine Erinnerung an die Gegenwart Gottes. Genauso gewinnen viele Menschen erst in einer Lebenskrise wieder Zugang zu Gott: wenn die Selbstverständlichkeiten wegbrechen, meine Gesundheit angegriffen ist oder der Partner an meiner Seite plötzlich nicht mehr da ist. Nicht nur in diesen „besonderen" Zeiten aber möchte ich nach Gott fragen.

Vielmehr soll die Beziehung zu ihm meinen Alltag prägen: wenn ich den Tag beginne, ist Er da als mein erster Gesprächspartner, dem ich danke für den neuen Morgen. Ich höre auf sein Wort, das für mich als Bibellese möglichst am Beginn des Tages stehen soll, damit mein Tag von vorn herein eine gute Richtung bekommt. Am Abend, bevor ich zu Bett gehe, bedenke ich noch einmal die Begegnungen dieses Tages, die Worte, die ich geredet habe, die Aufgaben, die ich zu erfüllen versucht habe. Ich frage, wo ich Menschen etwas schuldig geblieben bin, wo ich jemanden verletzt habe, und ich freue mich über das, was gelungen ist. Alles das gehe ich aufmerksam durch und trage es vor Gott. Im Tageslauf gibt es immer wieder die Situationen, in denen ich Gott suche: vor einem schwierigen Gespräch bitte ich Gott um Beistand, vor der Tür eines Krankenzimmers bitte ich um die richtigen Worte, im Auto an der Ampel spreche ich die Gedanken meines Herzens vor Gott aus. Es gibt die Momente, in denen ich die Nähe Gottes als ein überwältigendes Glücksgefühl, als ein „Fließen" spüre. Und es gibt diese Zeiten, in denen alles trocken und dürr bleibt, in denen sich Gott entzieht. Aber immer bleibt Er die Tiefe in allem, was ich tue, denke, rede und fühle. Meine Erfahrung ist großartig ausgedrückt in diesem Wort aus dem 15. Kapitel des Johannes-Evangeliums. Jesus sagt dort: „Wer in mir bleibt und ich in ihm, der bringt viel Frucht; denn ohne mich könnt ihr nichts tun." Dieses „Bleiben" ist es, worauf es mir ankommt. „Glauben" heißt: bei Gott bleiben, in der Wirklichkeit Gottes bleiben, Ihn suchen, mein Leben von Ihm prägen lassen. In allem, was misslingt, was in mir nicht so ist, wie es sein sollte: immer wieder Ihn suchen, von Ihm Wegweisung bekommen. So ist es: Ohne Ihn kann ich nichts tun!

Psalm 139

1 HERR, du durchschaust mich,
du kennst mich bis auf den Grund.
2 Ob ich sitze oder stehe, du weißt es,
du kennst meine Pläne von ferne.
3 Ob ich tätig bin oder ausruhe,
du siehst mich;
jeder Schritt, den ich mache, ist dir bekannt.
4 Noch ehe ein Wort auf meine Zunge kommt,
hast du, HERR, es schon gehört.
5 Von allen Seiten umgibst du mich,
ich bin ganz in deiner Hand.
6 Dass du mich so durch und durch kennst,
das übersteigt meinen Verstand;
es ist mir zu hoch, ich kann es nicht fassen.
7 Wohin kann ich gehen, um dir zu entrinnen,
wohin fliehen, damit du mich nicht siehst?
8 Steige ich hinauf in den Himmel –
du bist da.
Verstecke ich mich in der Totenwelt –
dort bist du auch.
9 Fliege ich dorthin, wo die Sonne aufgeht,
oder zum Ende des Meeres, wo sie versinkt:
10 auch dort wird deine Hand nach mir greifen,

auch dort lässt du mich nicht los.

11 Sage ich: »Finsternis soll mich bedecken,
rings um mich werde es Nacht«,
12 so hilft mir das nichts;
denn auch die Finsternis
ist für dich nicht dunkel
und die Nacht ist so hell wie der Tag.
13 Du hast mich geschaffen mit Leib und Geist,
mich zusammengefügt im Schoß meiner Mutter.
14 Dafür danke ich dir,
es erfüllt mich mit Ehrfurcht.
An mir selber erkenne ich:
Alle deine Taten sind Wunder!
15 Ich war dir nicht verborgen,
als ich im Dunkeln Gestalt annahm,
tief unten im Mutterschoß der Erde.
16 Du sahst mich schon fertig,
als ich noch ungeformt war.
Im Voraus hast du alles aufgeschrieben;
jeder meiner Tage war schon vorgezeichnet,
noch ehe der erste begann.
17 Wie rätselhaft sind mir deine Gedanken, Gott,
und wie unermesslich ist ihre Fülle!
18 Sie sind zahlreicher als der Sand am Meer.
Nächtelang denke ich über dich nach
und komme an kein Ende.
23 Durchforsche mich, Gott, sieh mir ins Herz,
prüfe meine Wünsche und Gedanken!
24 Und wenn ich in Gefahr bin, mich von dir zu entfernen,
dann bring mich zurück auf den Weg zu dir!

Johannes 15,1-8

1 Jesus sagt: »Ich bin der wahre Weinstock, und mein Vater ist der Weinbauer. 2 Er entfernt jede Rebe an mir, die keine Frucht bringt; aber die fruchttragenden Reben reinigt er, damit sie noch mehr Frucht bringen. 3 Ihr seid schon rein geworden durch das Wort, das ich euch verkündet habe. 4 Bleibt mit mir vereint, dann werde auch ich mit euch vereint bleiben. Nur wenn ihr mit mir vereint bleibt, könnt ihr Frucht bringen, genauso wie eine Rebe nur Frucht bringen kann, wenn sie am Weinstock bleibt. 5 Ich bin der Weinstock und ihr seid die Reben. Wer mit mir verbunden bleibt, so wie ich mit ihm, bringt reiche Frucht. Denn ohne mich könnt ihr nichts ausrichten. 6 Wer nicht mit mir vereint bleibt, wird wie eine abgeschnittene Rebe fortgeworfen und vertrocknet. Solche Reben werden gesammelt und ins Feuer geworfen, wo sie verbrennen. 7 Wenn ihr mit mir vereint bleibt und meine Worte in euch lebendig sind, könnt ihr den Vater um alles bitten, was ihr wollt, und ihr werdet es bekommen. 8 Die Herrlichkeit meines Vaters wird ja dadurch sichtbar, dass ihr reiche Frucht bringt und euch so als meine Jünger erweist. 9 So wie der Vater mich liebt, habe ich euch meine Liebe erwiesen. Bleibt in dieser Liebe! 10 Wenn ihr meine Gebote befolgt, dann bleibt ihr in meiner Liebe, so wie ich die Gebote meines Vaters befolgt habe und in seiner Liebe bleibe. 11 Ich habe euch dies gesagt, damit meine Freude euch erfüllt und an eurer Freude nichts mehr fehlt.

2. Jesus begegnen

Der Glaube hat Gründe. Gute Gründe sogar, wie ich finde. Dazu möchte ich später, vor allem im dritten Abschnitt noch einiges sagen. Und trotzdem ist es für mich so, dass nicht ein langwieriges Begründungsverfahren, ein vernünftiges Abwägen von Argumenten, von Pro und Contra, mich zum christlichen Glauben gebracht hat. Mein Kopf war da nicht ausgeschaltet, aber im Vordergrund stand etwas anderes. Ich komme aus einer christlichen Familie und bin mit den Geschichten der Bibel aufgewachsen. Es gab das Tischgebet und den sonntäglichen Kindergottesdienst. Und doch habe ich, genauso wenig wie ich durch Gründe und Argumente zum Glauben gekommen bin, den Glauben auch nicht „geerbt". Man kann alles wissen und tausendmal gehört haben – und trotzdem fehlt der „Sinn" für die Gegenwart und die Wirklichkeit Gottes. In meinem Leben habe ich die Erfahrung gemacht, dass diese Wirklichkeit Gottes plötzlich aufgeleuchtet ist – und mich dann überzeugt hat.

Eigentlich war das etwas sehr Schlichtes. Es war auf einer Jugendfreizeit, als ich 15 Jahre alt war. Wir waren mit unserer Jugendgruppe in Sardinien, drei Wochen zum Wandern in den sardischen Bergen. Am Abend lagen wir Jungen in unseren dünnen Schlafsäcken auf der Erde, ohne Zelt. Über uns der gewaltige Sternenhimmel, so groß, wie man ihn in unseren dicht besiedelten Landstrichen in Mitteleuropa gar nicht sehen kann. Und dann las unser Gruppenleiter wie an jedem Abend als Nachtgebet ein Psalmwort: Psalm 8. Dort steht, und es ist mir sehr genau im Gedächtnis geblieben: „Wenn ich sehe die Himmel, deiner Finger Werk, den Mond und die Sterne, die du bereitet hast: *was ist der Mensch*, dass du seiner gedenkst, und des Menschen Kind, dass du dich seiner annimmst?" In diesem Moment war mir sehr plötzlich klar, dass jetzt Gott selbst zu mir redet. Es war mir klar, dass es eigentlich nur diese beiden Möglichkeiten gibt: entweder bin ich als

Mensch in diesem Kosmos ein winziges, verlorenes Teilchen, ein Zufallsprodukt, das in kosmischen Maßstäben nur Sekundenbruchteile
dauert und verschwindet ohne Spuren zu hinterlassen. Oder, und das
ist die andere Möglichkeit: hinter diesem gewaltigen Universum steht
eine Macht, eine Kraft, und mehr als das: eine Person, die mich persönlich, unvertretbar mich selbst, jetzt anredet. Mir war blitzartig
deutlich: es gibt einen lebendigen Gott!

Wenn ich heute darüber nachdenke und es hier so aufschreibe, be-
nutze ich natürlich Worte und Gedanken, die dem Jungen von damals
so nicht zur Verfügung standen. das war alles viel unausgesprochener,
und doch so deutlich, dass ich heute mit meinen Worten diese plötzli-
che Klarheit nicht wieder erreichen kann. Ich habe oft, an vielen Punkten meines Lebens, über dieses Erlebnis nachgedacht. Und jedes Nachdenken verändert ein wenig daran und kann das Ursprüngliche nicht
wiederbringen. Aber diese grundlegende „Eingebung", diese Intuition,
ist für mein Leben bestimmend gewesen. Es kamen Tage, in denen mir
diese Erfahrung sehr fremd war, weit fort zu sein schien, und dann
wieder Zeiten, in denen dieses Grundgefühl der Nähe Gottes sehr ruhig und friedlich mein Leben bestimmt hat. Aber eigentlich hat mich
dieses Wort aus Psalm 8 und diese Erfahrung von Geborgenheit nie
wieder verlassen. Glaube bedeutet für mich in gewisser Hinsicht nicht
mehr als das, was damals geschehen ist nachdenkend und betend zu
umkreisen und immer tiefer in mein Leben hereinzuholen: ich bin gerufen, noch lange bevor mein Wille irgendetwas dazu getan hat.

Noch etwas anderes ist mir in der Folgezeit klar geworden: Gott ist
für mich nicht nur eine namenlose Kraft, die verschwommen im Hintergrund des Kosmos steht. Es ist vielmehr so: Gott redet. Er redet
mich an. Von dieser Erfahrung her, habe ich begonnen, die Gestalt Jesu
neu zu verstehen. Ich bin immer wieder so ungeheuer beeindruckt von
diesen Erzählungen der Evangelien im Neuen Testament, in denen

Jesus Menschen berührt und heilt und dazu auffordert mit ihm zu gehen. Das sind für mich nicht nur und nicht in erster Linie „Geschichten", die etwas erzählen, was irgendwann einmal passiert ist. Das sind sie auch, aber sie sind doch viel mehr. Sie sind Berichte davon, wie Menschen Gott begegnet sind, wie sie in der Begegnung mit Jesus die Kraft Gottes in ihrem Leben erlebt haben. Es sind Berichte von einer Zuwendung, die Menschen bis in ihr Innerstes hinein verwandelt: zerstörerische Mächte werden überwunden und ihre Macht zerbrochen. Leben, das in Unordnung geraten ist, wird verändert. Blinde sehen, Taubstumme hören und reden wieder, Verkrüppelte werden aufgerichtet und können sich wieder bewegen. Was steckt alles in einem kleinen Sätzchen: *„Jesus sah einen Menschen am Zoll sitzen, und sprach zu ihm: Folge mir! Und er stand auf und folgte ihm."* (Matthäus 9,9) Ich frage mich: Was ist da geschehen? Was hat diesen Mann „überzeugt"? Bei ihm waren es genau so wenig wie bei mir Argumente oder familiäre Traditionen. Es war die lebendige Begegnung. Was war an Jesus, das ihm diese Autorität über Menschen gab?

Deutlich ist für mich: Jesus ist nicht nur einfach ein großes Vorbild, ein bemerkenswerter Lehrer des Guten. Jesus ist mehr. Das wird für mich am tiefsten dort einsichtig, wo er selbst zerbricht und nicht mehr als strahlende Lichtgestalt erscheint. Jesus hat um seinen Weg gekämpft. Ich denke an die letzte Nacht, von der die Evangelisten berichten. In dieser Nacht liegt Jesus im Garten Gethsemane vor den Toren von Jerusalem, er weiß, dass er sterben muss und er ringt um sein „Ja" zu diesem weg. Seine Freunde, die alles mit ihm erlebt hatten, alle großen Taten und Siege, sie sind eingeschlafen, haben ihn jämmerlich im Stich gelassen. Und Jesus wacht und trägt allein diesen Kampf in sich aus: ein schließlich bitteres „Ja" zu diesem Tod am Kreuz, ein „Ja" zum eigenen Zerbrechen, zur Nacht. In diesen Freunden von Jesus erkenne ich mich wieder: mein eigenes Versagen, meine eigene Müdigkeit, mein eigenes Zerbrechen. Und ich verstehe, wenn Jesus hier nicht gewacht hätte und gekämpft hätte, dann wäre die Nacht das letzte, was auch über mein Leben zu sagen wäre: ein Leben, das letztlich in die Finsternis fällt, das alle Hoffnungen, alle Größe zerbrechen lässt.

Hier merke ich am deutlichsten: es geht im Glauben nicht einfach um ein Gedankengebilde, nicht um so etwas wie eine „positive Lebenseinstellung" oder um einen „Glauben" als etwas, woran man sich festhalten kann – egal eigentlich woran. Es geht darum, dass ich mein Zerbrechen, mein Versagen, meinen Weg in die Finsternis und in den Tod hinein ernst nehme und annehme. Ich persönlich kann das nur, ohne mir Illusionen zu machen, wenn ich weiß: Jesus ist diesen Weg für mich, mir voran, mit mir gegangen. Er ist zerbrochen am Kreuz, hat alles Zerstörerische, alles Finstere getragen und auch ertragen - bis in eine letzte Niederlage hinein. Und ich kann nur mit ihm genau diesen Weg gehen: durch mein eigenes Leben in mein eigenes Sterben hinein. Und an der Hand Jesu durch dieses Sterben hindurch: in ein neues unverwundbares Leben hinein. Er ist am dritten Tage auferstanden von den Toten, damit ich mit ihm lebe, hier in der Zeit und einmal in Ewigkeit. In seiner Geschichte erkenne ich mich selbst, mein eigenes Leben und Sterben. Daher ist das, was die Bibel über Ihn erzählt, mehr als eine Geschichte von den vielen Geschichten der Welt. Es gibt viele beeindruckende Geschichten von menschlicher Größe und menschlichem Scheitern, aber nur diese eine, die mich so restlos einschließt, mitnimmt und mich letztlich über mich selbst hinausführt. In meinem Leben habe ich erfahren, wie Jesus mich berührt, aufrichtet und mitnimmt. Die letzte Bewährung steht noch aus. Wer weiß, was noch kommt? Welche Krankheiten, Schicksalsschläge, welches Zerbrechen werden mich erwarten? Ich weiß das nicht. Aber ich vertraue darauf, dass Jesus mit mir geht und dass er letztlich größer ist alles andere. Das, was ich hier erzähle, das hat mich überzeugt, viel mehr als Gründe und Argumente, vielmehr als Prägungen durch Herkommen und Gewohnheit.

Psalm 8

2 HERR, unser Herrscher!
Groß ist dein Ruhm auf der ganzen Erde!
Deine Hoheit reicht höher als der Himmel.
3 Aus dem Lobpreis der Schwachen und Hilflosen baust du eine Mauer,
an der deine Widersacher und Feinde zu Fall kommen.

4 Ich bestaune den Himmel,
das Werk deiner Hände,
den Mond und alle die Sterne,
die du geschaffen hast:
5 Wie klein ist da der Mensch,
wie gering und unbedeutend!
Und doch gibst du dich mit ihm ab
und kümmerst dich um ihn!
6 Ja, du hast ihm Macht und Würde verliehen;
es fehlt nicht viel und er wäre wie du.
7 Du hast ihn zum Herrscher gemacht über deine Geschöpfe,
alles hast du ihm unterstellt:
8 die Schafe, Ziegen und Rinder,
die Wildtiere in Feld und Wald,
9 die Vögel in der Luft
und die Fische im Wasser,
die kleinen und die großen,
alles, was die Meere durchzieht.
10 HERR, unser Herrscher,
groß ist dein Ruhm auf der ganzen Erde!

Markus 7,31-37

31 Jesus verließ wieder das Gebiet von Tyrus und zog über Sidon zum See von Galiläa, mitten ins Gebiet der Zehn Städte. 32 Dort brachten sie einen Taubstummen zu ihm mit der Bitte, ihm die Hände aufzulegen. 33 Jesus führte ihn ein Stück von der Menge fort und legte seine Finger in die Ohren des Kranken; dann berührte er dessen Zunge mit Speichel. 34 Er blickte zum Himmel empor, stöhnte und sagte zu dem Mann: »Effata!« Das heißt: »Öffne dich!« 35 Im selben Augenblick konnte der Mann hören; auch seine Zunge löste sich und er konnte richtig sprechen. 36 Jesus verbot den Anwesenden, es irgendjemand weiterzusagen; aber je mehr er es ihnen verbot, desto mehr machten sie es bekannt. 37 Die Leute waren ganz außer sich und sagten: »Wie gut ist alles, was er gemacht hat: Den Gehörlosen gibt er das Gehör und den Stummen die Sprache!«

Matthäus 9,9

Jesus ging weiter und sah einen Zolleinnehmer an der Zollstelle sitzen. Er hieß Matthäus. Jesus sagte zu ihm: »Komm, folge mir!« Und Matthäus stand auf und folgte ihm.

Lukas 22,39-46

39 Jesus ging wie gewohnt zum Ölberg und seine Jünger folgten ihm. 40 Als er dort war, sagte er zu ihnen: »Betet darum, dass ihr in der kommenden Prüfung nicht versagt.« 41 Dann ging er allein weiter. Einen Steinwurf von ihnen entfernt kniete er nieder und betete: 42 »Vater, wenn es dein Wille ist, dann erspare es mir, diesen Kelch trinken zu müssen. Aber dein Wille soll geschehen, nicht der meine!« 43 Da erschien ihm ein Engel vom Himmel und gab ihm Kraft. 44 In seiner Todesangst betete Jesus noch angespannter und sein Schweiß tropfte

wie Blut auf den Boden. 45 Als er sich vom Gebet erhob und wieder zu den Jüngern kam, schliefen sie; so erschöpft waren sie vor Kummer. 46 »Wie könnt ihr schlafen?«, sagte er zu ihnen. »Steht auf und betet, damit ihr in der kommenden Prüfung nicht versagt!«

3. Die tiefsten Fragen meines Lebens klären

Ich sagte, der Glaube lebt nicht von Gründen und Argumenten. Aber das heißt nicht, dass es keine guten Gründe für den Glauben gäbe. Vielmehr ist meine Überzeugung: was ich von der Welt zu verstehen glaube, lässt sich am besten erklären, wenn ich an die Existenz eines persönlichen Gottes glaube, der in Jesus Christus ein Gesicht bekommen hat und mir gegenwärtig begegnet und zu mir redet. Aber klar ist auch: Es gibt, selbst wenn ich dies glaube, immer noch sehr viel mehr Fragen als Antworten und vieles werde ich nie verstehen und erklären können. Glaube heißt für mich nicht, dass es keine Dunkelheiten mehr in der Welt gäbe, dass alles durchsichtig ist und glatt aufgeht. Aber ich bin überzeugt, dass es für die entscheidenden Fragen meines Lebens eine Antwort gibt.

Welches sind diese entscheidenden Fragen meines Lebens? Ich möchte hier die folgenden drei Fragen nennen:

1. Wo komme ich her?

2. Wie soll ich leben?

3. Wo gehe ich hin?

Ich habe diese Fragen hier als persönliche Fragen in der „Ich"-Form gestellt. Aber eigentlich gehen sie weit über das bloße Individuelle hinaus. In jeder dieser Fragen schwingt auch die Frage nach dem großen Ganzen, nach dem Zusammenhang mit:

1. Wo kommt diese Welt her?

2. Wie sollen wir Menschen miteinander und im Zusammenhang mit der belebten und unbelebten Mitwelt leben?

3. Was ist das Ziel dieser Welt?

Ich denke, dass wohl jeder Mensch diese Fragen schon einmal gestellt hat und dass jeder Mensch auch durch diese Fragen beunruhigt wird. Wir stellen diese Fragen nicht durchgehend. In unserem Alltag nimmt vieles unsere Aufmerksamkeit so sehr in Anspruch, dass diese Fragen, wahrscheinlich glücklicherweise, in der Regel im Hintergrund bleiben. Und trotzdem gehört es zum wachen Menschsein, nach Antworten zu suchen. Heute ist es so, dass die Wissenschaften Antworten geben, die in unserer wissenschaftlich und technisch geprägten Zivilisation zunächst große Überzeugungskraft haben. Die Physiker sprechen, in einem eindrücklichen Bild, das eigentlich mehr eine Chiffre für eine große Theorie ist, vom „Urknall", vom Werden und Vergehen des Universums. Die Biologen sprechen von der Evolution des Lebens und davon, wie man das „Geheimnis" des Lebens entschleiern könne. Unsere oben gestellten drei Fragen gehen allerdings weit über das hinaus, worauf eine Wissenschaft, die ihre eigenen Voraussetzungen und Grenzen ernst nimmt, begründete Antworten geben könnte. Die Fragen nach dem „Woher?" und dem „Wohin?" überschreiten den Raum möglicher Erfahrung, den Raum des Messbaren und Nachprüfbaren. Die Frage nach dem „Wie?" des Lebens berührt Werturteile, Fragen nach Gut und Böse, die mit (natur-)wissenschaftlichen Methoden prinzipiell nicht lösbar sind. Dieser Verweis auf die Grenzen der Wissenschaft meint nicht, dass wir die Erkenntnisse der Wissenschaften nicht innerhalb dieser Grenzen ganz ernst nehmen sollten. Ganz im Gegenteil haben wir allen Anlass, den Glauben ganz kritisch darauf hin zu befragen, wo er der Vernunft widerspricht – um dann an den entscheidenden Punkt zu gelangen, wo wirklich nur noch der Glaube und nicht mehr die Wissenschaft sprechen kann. Die meisten von uns, auch ich selbst, sind keine Wissenschaftler, können also vieles im Einzelnen nicht beurteilen, wohl aber einsehen, wo der Glaube sein Recht und seine Grenze hat, und ebenso, wo die Wissenschaft Achtung verdient und wo sie an ihr Ende kommt. Vieles andere, das ich nicht durchschaue, muss ich dem Urteil von Experten überlassen, aber damit kann ich gut leben und aus der Gewissheit meines Glaubens auch das stehen lassen, was mit meiner Einsicht nicht zusammenpasst – noch nicht zusammenpasst, möchte ich sagen. Zum Glauben gehört die Überzeugung, dass sich alle Fragen einmal so klären werden, dass kein „Rest" mehr übrigbleibt. Dann nämlich, wenn ich vor dem Thron Gottes stehen werde in Seiner Ewigkeit.

In diesem Rahmen bewegt sich der Glaube. Er sieht Gott am Anfang: als kreative, schöpferische Macht. Er sieht ihn am Ende: als Ziel allen Lebens. Und der Glaube sieht Gott in der Mitte, in dieser Gegenwart: als ordnende, erhaltende und immer wieder schöpferisch eingreifende Kraft.

Der Glaube redet von Gott, dem Schöpfer. Am Anbeginn alles Seienden steht eine personale Intelligenz, ein großer Wille, dass nicht „Nichts", sondern dass vielmehr „Etwas" sei. Und nicht nur „Etwas" als eine beliebige, zufällige Ansammlung von Materie, sondern ein in sich gegliedertes, ein geordnetes, mit einem Wort: ein sinnvolles Universum, ein „Kosmos" – wenn wir die alte Bedeutung dieses griechischen Wortes „Kosmos" im Sinn haben: ein „Schmuck", eine „Zierde". Mit dieser Schöpfung ist nun wirklich ein Anfang gemeint, ein absoluter Anfang, hinter den wir nicht mehr zurückkönnen, der von Gott gesetzt ist. Aber doch mehr als nur ein Anfang. Wir denken uns Gott nicht als einen schlauen Mechaniker, der eine Maschine in Gang gesetzt hat, die nun weiter schnurrt, und deren Funktionsfähigkeit nicht selten von massiven Störungen beeinträchtigt wird. Von Gott als dem Schöpfer zu reden, heißt auch, dass Er inmitten dieses geordneten Ganzen den

Menschen hineingestellt hat, und nicht nur „den" Menschen, sondern mich als einzelnen Menschen. Wir werden noch davon reden müssen, dass der Mensch der einzige Teil der Schöpfung ist, der aus dieser Ordnung herausfallen kann, der sein Leben verfehlen kann und auch tatsächlich verfehlt ohne eine bewusste Rückwendung und Rückbindung zu Gott. Aber jetzt soll vor allem dies gesagt werden: Gott hat mich in eine Ordnung hineingestellt. Er hat mir meine Lebensstunde und meine Lebenszeit zugemessen, Er umgibt mich mit seiner Fürsorge und trägt mich durch die Brüche und Scherben dieser Welt und meines Lebens hindurch. Das meint nicht, dass ich vor Sehnsucht nach Harmonie und Ganzheit die Augen verschließe davor, dass diese Welt furchtbar gezeichnet ist durch Gewalt, Hass und Zerstörung, dass die natürliche Ordnung ein ewiger Kreislauf zu sein scheint von Werden und Vergehen. Für alles das hat der Glaube die sensibelste Wahrnehmungsfähigkeit. Er trägt die Widersprüche in sich aus: wie kann ich von einem liebenden, fürsorgenden Gott reden, und erlebe doch, wie Leben ziellos zerstampft wird von völlig gleichgültigen Naturprozessen und, schlimmer noch, wie Menschen an einander alle Abgründe von Bosheit erproben? Über ein Wort wie „Nach Auschwitz kann man nicht mehr von Gott reden." muss ich lange, lange schweigen und nachdenken – ehe ich ein Wort erwidern kann. Aber: dieses Wort, das ich dann sagen kann, das ist kein eigenes Wort mehr, da hilft keine menschliche Resignation und keine menschliche Weisheit, da hilft einfach nur, dass ich mich mit meiner Ratlosigkeit und mit dem ganzen Scherbenhaufen menschlicher Bosheit in die Arme Gottes flüchte: Dennoch! „Dennoch bleibe ich stets an Dir; denn Du hältst mich bei meiner rechten Hand" (Psalm 73,23).

So findet mein Glaube Halt inmitten aller Brüche dieser Welt, vor denen ich nicht die Augen verschließe. Dieser Halt ist eine Ordnung, die nicht von Menschen gesetzt ist, die vielmehr von Gott gestiftet ist, durch alle Bosheit hindurch getragen wird und dem Menschen den

Maßstab seines Lebens gibt. Wann immer ich danach frage, wie ich leben soll, will, muss, wann immer ich nach Maßstäben für unser menschliches Zusammenleben frage, auch nach Respekt für belebte und unbelebte Natur, für Tier und Landschaft, dann sehe ich mich verwiesen auf Gottes ursprünglichen Plan und seinen Willen, mit dem er mich trägt und das Ganze des Lebens erhält. Mein Glaube ist, dass sich darin ein Plan durchhält, unwandelbar über alle Zeiten hinweg, in dem Anfang, Mitte und Ende zusammengefügt sind.

So wie Gott, der Schöpfer, Quelle des Lebens ist, so wie Er jetzt dieses Leben erhält, so ist Er auch das Ziel dieses Lebens. Er ist Ziel des „Ganzen", Er wird einmal am Ende aller Zeit „alles in allem" sein, alles Einzelne dieses Kosmos läuft darauf zu, wieder geborgen zu sein in seiner großen Wirklichkeit. Auch hier gilt wieder: nur der Mensch kann aus diesem „alles in allem" (1. Korinther 15,28) herausfallen, denn er hat die unfassbare Möglichkeit, sich der Ordnung Gottes in Zeit und Ewigkeit zu entziehen. Er ist ganz darauf angewiesen, durch Jesus Christus aus einem zerbrochenen Leben zurückgeführt zu werden in die heilsame Gemeinschaft mit dem Vater. In diesem Sinne spricht der christliche Glaube von einem Gericht nach dem Ende unseres einzelnen Lebens und am Ende der Zeit: „Wir müssen alle offenbar werden vor dem Richterstuhl Christi" (2. Korinther 5,10).

Mir steht als eindrückliche Illustration ein Bild aus der Kirche in Bendorf (bei Koblenz) vor Augen, wo ich viele Jahre Pastor gewesen bin. Im Ostchor des romanischen Baues von 1204 blickt man auf ein Deckengemälde, das den thronenden Christus zeigt: Christus als himmlischer König umgeben von den Bildern der vier Evangelisten. Die eine Hand zum Segen erhoben, hält er in der anderen Hand das Buch des Lebens. Jeder der die Kirche betritt, geht diesem Christus entgegen und schaut auf Ihn. Man betritt die Kirche von Westen, von der abendlichen Himmelsrichtung her, und geht nach Osten, in Richtung des

Sonnenaufgangs. Darin liegt eine Gesamtdeutung unseres Lebensweges: aus der Finsternis kommend überschreiten wir die Schwelle des Heiligtums und gehen nach Osten, auf das Licht Gottes zu, um einmal vor diesem Thron des Christus zu stehen und Rechenschaft zu geben über unser Leben. Wir sehen das Buch des Lebens und sollen uns selbst die Frage stellen: „Steht mein Name darin geschrieben?" Nach dem, was die Bibel sagt, wird derjenige eingehen in das ewige Licht Gottes, der in seinem Leben das Wort dieses Herrn Jesus Christus gehört hat, angenommen hat und mit diesem Herrn durch sein Leben gegangen ist. Und wenn wir das Bibelwort ernst nehmen, wird es auch so sein, dass dieser Herr zu anderen sagen wird: „Geht weg von mir, ich kenne euch nicht." (Matthäus 25,41). Das ist ein sehr erschreckendes Wort, und doch dürfen wir es nicht ausblenden aus unserer Wahrnehmung der Wirklichkeit Gottes.

In allem aber bleibt dies: Gott ist Ursprung, Mitte und Ziel des Lebens, in Ihm liegt die Antwort auf die Kernfragen: Woher komme ich? Wie soll ich leben? Wohin gehe ich?

aus Psalm 73

23 Und dennoch gehöre ich zu dir!
Du hast meine Hand ergriffen und hältst mich;
24 du leitest mich nach deinem Plan
und holst mich am Ende in deine Herrlichkeit.
25 Wer im Himmel könnte mir helfen,
wenn nicht du?
Was soll ich mir noch wünschen auf der Erde?
Ich habe doch dich!
26 Auch wenn ich Leib und Leben verliere,

du, Gott, hältst mich;
du bleibst mir für immer!
27 Wer sich von dir entfernt, geht zugrunde;
wer dir untreu wird, den vernichtest du.
28 Ich aber setze mein Vertrauen auf dich, meinen Herrn;
dir nahe zu sein ist mein ganzes Glück.
Ich will weitersagen, was du getan hast.

Hiob 38,1-11

1 Dann ergriff der HERR selbst das Wort und antwortete Hiob aus dem
Sturm heraus.
Er sagte zu ihm:
2 »Wer bist du, dass du meinen Plan anzweifelst,
von Dingen redest, die du nicht verstehst?
3 Nun gut! Steh auf und zeige dich als Mann!
Ich will dich fragen, gib du mir Bescheid!
4 Wo warst du denn, als ich die Erde machte?
Wenn du es weißt, dann sage es mir doch!
5 Wer hat bestimmt, wie groß sie werden sollte?
Wer hat das mit der Messschnur festgelegt?
Du weißt doch alles! Oder etwa nicht?
6 Auf welchem Sockel stehen ihre Pfeiler?
Wer hat den Grundstein ihres Baus gelegt?
7 Ja, damals sangen alle Morgensterne,
die Gottessöhne jubelten vor Freude!
8 Wer hat das Meer mit Toren abgesperrt,
als es hervorbrach aus dem Schoß der Erde?
9 Ich war's, ich hüllte es in dichte Wolken,
als Windel gab ich ihm den dunklen Nebel.
10 Ich gab ihm seine vorbestimmte Grenze,
schloss es mit Tor und Riegel sicher ein.

11 Ich sagte ihm: 'Bis hierher und nicht weiter!
Hier hört der Hochmut deiner Wellen auf!'

1. Korinther 15, 20-27

20 Nun aber *ist* Christus vom Tod auferweckt worden, und als der erste Auferweckte gibt er uns die Gewähr, dass auch die übrigen Toten auferweckt werden. 21 Durch einen Menschen kam der Tod. So kommt auch durch einen Menschen die Auferstehung vom Tod. 22 Alle Menschen gehören zu Adam, darum müssen sie sterben; aber durch die Verbindung mit Christus wird ihnen das neue Leben geschenkt werden. 23 Doch das alles geschieht zu seiner Zeit und in seiner vorbestimmten Ordnung: Als Erster wurde Christus vom Tod auferweckt. Wenn er wiederkommt, werden die auferweckt, die zu ihm gehören. 24 Dann ist das Ende da: Christus übergibt die Herrschaft Gott, dem Vater, nachdem er alles vernichtet hat, was sich gegen Gott erhebt und was Macht und Herrschaft beansprucht. 25 Denn Christus muss so lange herrschen, bis er alle Feinde unter seinen Füßen hat. 26 Als letzten Feind vernichtet er den Tod. 27 Denn es heißt in den Heiligen Schriften: »Alles hat Gott ihm unterworfen.«

4. Freiheit und ein gelingendes Leben.

Vielleicht ist Freiheit nicht das erste, was mit dem christlichen Glauben verbunden wird. Zugegeben, manches, was ich als christliches Leben gesehen und erlebt habe, macht eher den Eindruck von Enge und Gebundenheit als von Freiheit. Aber es lohnt sich, genau hinzuschauen. „Freiheit" ist eines der Kernworte des christlichen Glaubens. *„Zur Freiheit hat uns Christus befreit.",* ruft Paulus den Christen in Galatien zu, und fügt die Mahnung an: *„So steht nun fest und lasst euch nicht wieder das Joch der Knechtschaft auflegen!"* (Galater 5,1). Und in Psalm 31,9, in der Anrede an den Gott, der befreit: *„Du stellst meine Füße auf weiten Raum."* Jesus selbst erklärt seine Aufgabe ganz am Beginn seines Weges genau mit diesem Wort „Freiheit". In der Synagoge, dem Ort des Gebets in seiner Heimatstadt Nazareth, bekommt Jesus die Aufgabe, ein alttestamentliches Prophetenwort zu lesen und zu erklären (Lukas 4,16-21). Er wählt Verse aus dem Buch Jesaja: *»Der Geist des Herrn hat von mir Besitz ergriffen, weil der Herr mich gesalbt und bevollmächtigt hat. Er hat mich gesandt, den Armen gute Nachricht zu bringen, den Gefangenen zu verkünden, dass sie frei sein sollen, und den Blinden, dass sie sehen werden. Den Misshandelten soll ich die Freiheit bringen, und das Jahr ausrufen, in dem der Herr sich seinem Volk gnädig zuwendet.«* Jesus rollt das Buch wieder zusammen, gibt es dem Synagogendiener zurück und setzt sich. Alle in der Synagoge blicken gespannt auf ihn. 21 Er beginnt und sagt: »Heute, da ihr dieses Prophetenwort aus meinem Mund hört, ist es unter euch in Erfüllung gegangen.«

Das ist der Inbegriff dessen, was Jesus sagt und tut: Er führt gebundene und gefangene Menschen in Freiheit. In seinem Leben hat er das getan. mit seinem Sterben am Kreuz und durch seine Auferstehung von den Toten: *„Jetzt aber ist Gottes Gnade offenbar geworden, als Jesus Christus, unser Retter, auf der Erde erschien. Er hat dem Tod die*

Macht genommen und das unvergängliche Leben ans Licht gebracht. Darum geht es in der Guten Nachricht." (2.Timotheus 1, 10.11)

Freiheit heißt hier: Jesus hat kranke Menschen geheilt. Er hat Frauen und Männer aus der Finsternis, die Bibel redet hier von dämonischer Besessenheit, ins Licht Gottes geholt. Jesus hat Menschen, die in Schuld verstrickt waren, die Vergebung Gottes zugesprochen, einen befreiten Neuanfang aus einem verfehlten Leben heraus. Es war eine unglaubliche Dynamik überall dort, wo Jesus Menschen begegnet ist. Eine Dynamik war es, die sich nach seinem Tod fortsetzte, als Jesus lebendig, verändert und doch leibhaft er selbst, wiederum Menschen rief und ermächtigte, seinen Auftrag fortzusetzen. Letztlich war es die Dynamik dieser Botschaft, die lebendige Erfahrung von Kraft und Befreiung, die Menschen überzeugte, Jesus nachzufolgen. Dies führte dazu, dass am Ende des 1. Jahrhunderts, also 70 Jahre nach Jesu Tod, etwa 10% der Bevölkerung der römischen Welt Christen geworden waren.

Allerdings müssen wir diese Erfahrung von Freiheit noch näher beschreiben, um einem Missverständnis zu begegnen, das uns als modernen Menschen besonders nahe liegt. Für uns ist Freiheit oft gleichbedeutend mit Willkür: frei bin ich, wenn ich machen kann, was ich will, wenn ich frei bin von allen Bindungen und Verpflichtungen, die mich einschränken. Das Wahrheitsmoment, das darin liegt, Freiheit so zu verstehen, wollen wir nicht klein reden: nicht die Autorität von Traditionen, von Eltern, von kulturellen Selbstverständlichkeiten sollen bestimmen, wer ich bin und was ich tue. Aber andererseits ist es doch so, dass sich in einer vermeintlichen Selbstbestimmung wiederum viele Zwänge verbergen, die ich nur schwer erkenne, wenn ich Moden und Tagesaktualitäten folge. Die Bibel redet da sehr realistisch von der Möglichkeit des Menschen, sich selbst Gesetze zu geben. Sie sieht den Menschen eingebunden in Mächte und Gewalten, die sein Verhalten bestimmen. Ganz knapp ausgedrückt ist es so: entweder der Mensch findet seine Lebensbestimmung in seiner persönlichen, willentlichen und freien Bindung an die Autorität und die Ordnungen Gottes – oder er verfällt anderen zerstörerischen Mächten, die sich unter dem Deckmantel vermeintlicher Freiheit breit machen. Martin Luther drückte dies in einem drastischen Bild aus: der Mensch ist wie ein Esel, auf dem entweder Gott reitet – oder der Teufel. Der „Teufel" ist hier keine Märchenfigur mit Hörnern und Pferdefuß, über die man sich billig lustig machen könnte, sondern der Abgrund des Bösen, das Leben vernichtet – verdichtet in einer Gestalt, einer „Person", die letztlich nichts anderes „tut" als alles „Tun" sinnlos zu machen und zu zerstören. Nur wenn wir diese abgründige Verstrickung des Menschen in die Zerstörung verstehen, wird auch der Weg Jesu verständlich.

Die Freiheit, von der die Bibel redet, ist daher beides: Befreiung von Finsternis, Schuld und Tod *und* Zuwendung zur heilsamen Lebensordnung Gottes, in der unser Leben Erfüllung findet. Der Prophet Micha hat das so ausgedrückt: *„Der HERR hat dich wissen lassen, Mensch, was gut ist und was er von dir erwartet: Halte dich an das Recht, sei menschlich zu deinen Mitmenschen und lebe in steter Verbindung mit deinem Gott!"* (Micha 6,8).

Wie tief aber diese Gefangenschaft des Menschen unter den zerstörerischen Mächten reicht, wie total der Neuanfang dieser Befreiung sein muss, um Leben wirklich zu verändern, das haben die Christen zu allen Zeiten daran erkennen können, dass Jesus am Kreuz gestorben ist. Nicht als Unglücksfall, oder nur als Justizirrtum, sondern als Notwendigkeit von Gott her, der in seinem Sohn alle Finsternis, alle Schuld getragen hat, um durch den Tod und das totale Zerbrechen hindurch Neues zu schaffen. Es gibt keine Selbstbefreiung, keine Selbsterlösung. Freiheit ist Gnade, das heißt: grundloses Geschenk der Liebe Gottes.

Wenn wir so die biblischen Zusammenhänge bedenken, wird natürlich die Frage drängend: sind das nur alte, uralte Geschichten, die uns vielleicht ehrwürdig vorkommen und uns sogar berühren können, aber eben doch nur fantasievolle Gedankengebäude? *Oder* haben auch wir hier und heute Zugang zu diesen Erfahrungen, die die ersten Christen gemacht haben – und die immer wieder in der Geschichte der Christenheit aufgeleuchtet sind?

An dieser Stelle möchte ich nun erzählen, wie ich Gottes Handeln auf meinem Weg erlebt habe. Ich möchte von einem jungen Mann berichten, an dessen Weg mir beispielhaft deutlich wird, was Gott tut, wie Er Menschen befreit und wie Er ein Menschenleben ordnet. Ich habe Stefan vor vielen Jahren als Konfirmand kennen gelernt. Er wurde mir von seinen Eltern vorgestellt als ein Junge, der nicht reden könne, der eine so starke Sprachbehinderung habe, dass es ihm unmöglich sei, vor anderen Menschen auch nur einen zusammenhängenden Satz zu sprechen. In unseren Begegnungen war er ganz verschlossen und still. Im Sommer meldete er sich dann an für unsere Jugendfreizeit. Er war zwei Wochen fröhlich und stumm dabei, hörte sich an jedem Tag an, was wir aus der Bibel heraus zu sagen hatten und saß in den Kleingruppen einfach dabei. Gegen Ende unserer Zeit machten wir das, was in den Freizeiten regelmäßig geschieht: am Abend luden wir die Jugendlichen ein, persönlich Ja zu sagen zu einem Leben mit Jesus Christus. Am Ende der Zusammenkunft konnte, wer einen Wink oder Ruf Gottes gehört hatte, zu den Mitarbeiterinnen und Mitarbeitern kommen, um sich segnen zu lassen und im gemeinsamen Gebet das eigene Leben Jesus anzuvertrauen. Stefan kam dazu, empfing einen Segen, einige beteten mit ihm und für ihn. Am nächsten Morgen fragten wir in der Gruppe, welche Erfahrungen die Einzelnen dabei gemacht hätten, ob jemand etwas erzählen möge. Da stand plötzlich Stefan auf, trat vor den großen Kreis der jungen Leute hin – und fing an zu sprechen, noch ziemlich mühsam und nach Worten suchend, aber klar und verständlich und vor allem: mutig. Und Stefan erzählte in ganz schlichten Worten, wie er in diesen zwei Freizeitwochen die Kraft Gottes erfahren hatte und er jetzt den Mut habe, den Mund aufzutun. Seitdem ist Stefan in der Jugendarbeit dabei. Er ist immer noch kein großer Redner, aber er ist jemand, der sagen kann, was er zu sagen hat. Eine wunderbare Gabe hat er von Gott geschenkt bekommen: er schreibt Lieder, Gedichte und Besinnungen, in denen er schriftlich aussprechen kann, was er verstanden hat vom Wirken Gottes. Für mich war Stefans Geschichte damals und ist bis heute ein Zeichen dafür, wie Jesus die Stummen heilt, wie Bindungen gelöst werden und ein Mensch Freiheit empfängt.

Um einen ganz anderen Lebensbereich geht es dort, wo ein Menschenleben von Schuld gefesselt wird. Dies kann in zweifacher Weise sein, und beides hängt eng miteinander zusammen: dadurch, dass andere an mir schuldig werden, und dadurch, dass ich mich schuldig mache. Oft ist es so, dass das eine aus dem anderen hervorgeht. Ich habe oft erfahren, wie Menschen in ihrer Kindheit und Jugend verletzt werden durch Ablehnung, Lieblosigkeit oder konditionierte, an Bedingungen gebundene elterliche Liebe ("Wenn Du so oder so bist, dann habe ich dich lieb..."). Ein junger Mensch verinnerlicht dieses Urteil: "Du bist nicht in Ordnung!" und spricht es als eigenes Urteil über sich selbst, er lehnt sich selbst ab: „Ich bin nicht so, wie ich sein sollte". Oft springt dieses gestörte Selbstverhältnis über auf andere Beziehungen und so geht von einem Menschen genau diejenige Botschaft aus, die ursprünglich in sein Herz hineingelegt wurde: „Du bist nicht so, wie Du sein solltest." Ein weites Feld von zwischenmenschlichen Problemen kann die Folge sein: Bindungsunfähigkeit, Aggressionsverhalten, Selbstverkleinerung („Ich bin nichts wert.") ebenso wie Selbstüberschätzung („Du bist nichts wert."). Wie traurig ist es, zu sehen, wie ein solches Muster manchmal von Generation zu Generation weitergegeben wird und immer wieder seine zerstörerische Wirkung entfaltet. Wie kann diese Kette durchtrennt werden?

Ich glaube und habe auch erfahren, dass *Vergebung* diese Kette zerbrechen kann: Vergebung, die ich selbst erfahre, wenn die Liebe Gottes in mein Leben hineinspricht; und Vergebung, die ich selbst weitergebe, wenn Gott mir die Kraft dazu gibt. Auch hierzu möchte ich eine Erfahrung aus meinem eigenen Dienst weitererzählen (um die Anonymität zu gewährleisten, verändere ich den Zusammenhang). In einem auswärtigen Glaubenskurs traf ich eine Frau mittleren Alters, die an einer Depressionserkrankung litt. Sie erzählte in der Kleingruppe, dass ihr Leben eigentlich seit ihrer Jugend dunkel und traurig sei.[1] Ihre Mutter sei gestorben, als sie zwölf Jahre alt war, der Vater habe kaum ein Jahr später eine andere Frau geheiratet, mit dieser Frau bald noch eine Tochter bekommen und sie selbst habe in der nun erweiterten Familie immer am Rand gestanden. Es habe schlimme Auseinandersetzungen mit der Stiefmutter gegeben, so dass sie schon mit 17 Jahren für eine Ausbildung das Haus verlassen habe. Nach ihrer Heirat sei sie dann mit Mitte zwanzig in ihr Dorf zurückgekehrt, habe aber jeden Kontakt mit ihrem Elternhaus vermieden. Das sei nun 25 Jahre her. Mit ihrer Stiefmutter und ihrem Vater, beide nun alte Leute, habe sie seitdem nie mehr geredet. Sie wechsle die Straßenseite, wenn sie einander auf der Straße begegnen. Vor einigen Jahren fing das nun mit der Depression an und jetzt sei sie so verzweifelt, dass sie im Glauben Trost und Rat suchen möchte, wobei sie selbst nie mehr als allenfalls das

---

[1] Kleingruppen- und Seelsorgegespräche in Glaubenskursen sind natürlich streng vertraulich. Nur in veränderter Form erzähle ich hier davon.

traditionelle kirchliche „Programm" wie Weihnachten und Erntedank mitgemacht habe. Im Gespräch kamen wir bald darauf, wie eigentlich der Liebesentzug ihres Vaters diese tiefe Erschütterung und Verunsicherung in ihr Leben gebracht habe, das Gefühl abgelehnt und unerwünscht zu sein. Sie hatte dieses Gefühl dann ganz auf ihre Stiefmutter übertragen und mit einer unglaublichen Energie Hass auf diese Frau geladen. An der Stelle, wo in ihrem Gefühlsleben der Vater den Platz gehabt hätte, war für sie nur eine dumpfe Leere, wie amputierte Gliedmaßen, von dem mitunter ein stechender Phantomschmerz ausging. Diese Frau erfuhr nun im Glaubenskurs auf eine überwältigende Weise die persönliche Vaterliebe Gottes für sie, sie erlebte sich zum ersten Mal seit vielen Jahren wieder als ein geliebtes, angenommenes Kind. Sie lernte, wie der himmlische Vater sie annimmt und ihr versteinertes Herz erweicht. So begann sie auch den Zusammenhang zu verstehen, in dem ihr Vater und die Stiefmutter an ihr schuldig geworden waren und sie selbst mit ihrem Hass an ihrer Stiefmutter und ihrem Vater Schuld auf sich geladen hatte. Sie sah ein, wie sie durch den Hass an die Ursprungserfahrung ihres Schmerzes gekettet blieb und wie ihre Persönlichkeit durch diese Kette jahrzehntelang geformt worden war, bis sie schließlich schwer krank davon wurde. Im Gebet durften wir Jesus in ihr Leben einladen, sie bat um Vergebung für ihre Schuld, um Befreiung für sich selbst und für ihren Vater und die Stiefmutter. All dies erfuhr sie als ein überwältigendes Geschenk von Frieden, Wärme und tiefer Freiheit. Sie brauchte einige Zeit, um dies richtig zu verstehen und auf seine Folgen hin für ihr Leben anzunehmen, aber schließlich, einige Wochen später, fasste sie sich ein Herz und ging zur Türe ihres Elternhauses. Dort war es so, als hätte man auf sie gewartet. Es gab eine Aussprache, sie bat die Stiefmutter um Vergebung für allen Hass. In der Folgezeit verschwand ihre Depression und die Beziehung zu ihren „Eltern", wie sie jetzt sagen konnte, wurde heil. Als, zwei Jahre danach, ihr Vater starb, konnte sie versöhnt mit zum Grab gehen.

Heute geht sie ihren Weg mit Jesus, trägt Verantwortung in ihrer Gemeinde und ist eine Stütze in ihrer eigenen Familie.

Für mich ist diese Geschichte, wie manche andere, die ich zu erzählen wüsste, eine moderne Wundererzählung, genauso, wie von Jesus in den Evangelien berichtet wird. Ein „Beweis" dafür, dass Jesus Christus derselbe bleibt, heute, gestern und in Ewigkeit. Jesus schenkt Freiheit und Heilung, und er gibt eine Ordnung, in der unser Leben gelingen kann.

Psalm 51

3 Gott, du bist reich an Liebe und Güte;
darum erbarme dich über mich,
vergib mir meine Verfehlungen!
4 Nimm meine ganze Schuld von mir,
wasche mich rein von meiner Sünde!

5 Ich weiß, ich habe Unrecht getan,
meine Fehler stehen mir immer vor Augen.
6 Nicht nur an Menschen bin ich schuldig geworden,
gegen dich selbst habe ich gesündigt;
ich habe getan, was du verabscheust.
Darum bist du im Recht,
wenn du mich schuldig sprichst;
deinen Richterspruch kann niemand tadeln.

7 Ich bin verstrickt in Verfehlung und Schuld
seit meine Mutter mich empfangen und geboren hat.
8 Das war mir verborgen;

du hast es mir gezeigt.
Dir gefällt es,
wenn jemand die Wahrheit erkennt.

9 Nimm meine Schuld von mir,
dann werde ich rein!
Wasche mich,
dann werde ich weiß wie Schnee!
10 Lass mich wieder Freude erleben
und mit deiner Gemeinde jubeln.
Du hast mich völlig zerschlagen;
richte mich doch wieder auf!
11 Sieh nicht auf meine Verfehlungen,
tilge meine ganze Schuld!

12 Gott, schaffe mich neu:
Gib mir ein Herz, das dir völlig gehört,
und einen Geist, der beständig zu dir hält.
13 Vertreibe mich nicht aus deiner Nähe,
entzieh mir nicht deinen Heiligen Geist!
14 Mach mich doch wieder froh
durch deine Hilfe
und gib mir ein gehorsames Herz!
15 Alle, die dir nicht gehorchen,
will ich an deine Gebote erinnern,
damit sie umkehren und tun, was dir gefällt.

16 Gott, du bist mein Retter!
Ich habe den Tod verdient,
aber verschone mich!
Dann werde ich laut deine Treue preisen.
17 Herr, nimm die Schuld von mir

und löse mir die Zunge,
dann kann ich deine Güte vor allen rühmen.

1. Johannes 1,8-9

8 Wenn wir behaupten: »Wir sind ohne Schuld«, betrügen wir uns selbst und die Wahrheit lebt nicht in uns. 9 Wenn wir aber unsere Verfehlungen eingestehen, können wir damit rechnen, dass Gott treu und gerecht ist: Er wird uns dann unsere Verfehlungen vergeben und uns von aller Schuld reinigen.

Ehrenmahl der Bundeswehr, Berlin

5. In eine Gemeinschaft hineingestellt

Ich möchte an dieser Stelle über die Kirche reden, über die Kirche als Gemeinde an einem bestimmten Ort. Und auch über die Kirche, die viel größer ist als eine einzelne Gemeinde: über die Kirche, die an allen Orten und zu allen Zeiten da ist. Sie hat ihre „Außenseite", die „Institution", manche sagen auch mit etwas herabsetzendem Ton: sie ist die „Amtskirche". Und sie hat ihre „Innenseite": dies nämlich, dass Jesus Menschen ruft, prägt und zusammenstellt in eine Gemeinschaft, die von ihm her lebt und auf ihn bezogen ist. Das ist für uns heute nicht so einfach zu verstehen. Wir haben den Individualismus unserer westlichen Kultur mit der Muttermilch eingesogen und es überzeugt uns zunächst, wenn wir sagen können. „Jesus und ich" oder sogar: *„Ich* und Jesus". „Was bringt mir Jesus, was bringt mir die Kirche?" fragen mich manche Zeitgenossen.

Jesus als Person ist bis heute und vielleicht gerade heute hochgradig attraktiv und faszinierend. Es gibt eine große Sehnsucht nach echter Gotteserfahrung. Aber braucht man dafür eine Gemeinde? Und erst recht werde ich gefragt: Brauche ich dafür die Kirche als Organisation und Institution? Diese Skepsis hat durchaus ihre nachvollziehbaren Gründe. Ein Blick in die Geschichte der Christenheit zeigt, wie ein gewaltiger Apparat aufgebaut wurde, der zu allen Zeiten Allianzen eingegangen ist mit den Mächtigen, hoffnungslos missbraucht und korrumpiert wurde. Und bis heute merken wir, wie schnell es gehen kann, mit den besten Absichten dahin zu kommen, dass Menschen seelisch (und manchmal auch körperlich) missbraucht und abhängig gemacht werden. Dazu braucht man keinen großen bürokratischen „Apparat", es passiert genauso schnell in einer kleinen, übersichtlichen Gemeinschaft, wo jeder jeden kennt. Für viele Menschen heute sind aber zunächst einmal die großen Bürokratien abschreckend: ist die Kirche nicht nur eine Großinstitution, die Anspruch auf Menschen erhebt wie andere auch – Behörden, Versicherungen, Bundeswehr, Schulen, Finanzamt, Gewerkschaften – und in dieser schönen Reihe dann auch die Kirche? Es gibt Institutionen, die mir jede Möglichkeit nehmen, ihnen zu entrinnen. Aber es gibt andere, aus denen kann ich „austreten", um vielleicht ein wenig mehr Freiheit zu gewinnen. Es sind Gedanken wie diese, die ich nicht selten höre, wenn mir Menschen erklären (das tun nicht viele, die meisten gehen schweigend), warum sie die Kirche verlassen. Wenn ich nun all das sehe, verstehe und ernst nehme, warum also sage ich dann noch immer, dass der Glaube ohne die Kirche nicht leben kann? Es gibt einen ganz schlichten Grund:

Christ kann ich nicht alleine sein, nicht nur so für mich persönlich. Als Christ bin ich mit anderen Menschen zusammengestellt. Das ist schon vom Ursprung des Glaubens her ganz klar: jemand hat mir von Gott erzählt. Das Wort Gottes hat mich durch andere Menschen erreicht. Andere haben mich an die Hand genommen und gehen mit mir an den Ort, wo Gott sich mir zeigt, wo Gott sich erfahren lässt. Diejenigen, die es mir gesagt haben, haben es wiederum von anderen erfahren – und so fort. Eine große Kette von Zeugen erstreckt sich durch die Zeiten, beginnend bei denen, die mit Jesus gegangen sind, und dann weiter von Generation zu Generation. Auch bei mir soll diese Kette fortgesetzt werden. Dazu wird weiter unten noch einiges zu sagen sein.

Und auch die allerersten, diejenigen, die Jesus selbst gerufen hat, die Zeugen seines Lebens, Sterbens und seiner Auferstehung gewesen sind, haben nicht schlechthin am Anfang gestanden, sondern sie hatten gehört vom Gott Israels und haben im Zusammenhang des erwählten Volkes Gottes gestanden. Von ihnen ausgehend hat irgendwann einmal uns diese Botschaft erreicht.

Deutlich ist dabei ein Doppeltes: Jesus ruft einzelne Menschen. An jeden geht der Ruf Jesu persönlich: „Komm *Du* mit mir!" Und das zweite: Jesus ruft die Einzelnen, damit sie *zusammen* sind. Er ruft sie in eine Gemeinschaft von Menschen hinein. Diese Gemeinschaft ist schon da, wenn wir dazu kommen. Sie ist uns vorgegeben. Und: sie wird nicht nach unseren persönlichen Vorlieben, Bedürfnissen und Wünschen eingerichtet, sondern sie wird von Gott geordnet und soll in seinen Ordnungen leben.

Die Bibel spricht von dieser Gemeinschaft in einer Vielzahl von Bildern. Ich möchte hier nur zwei anführen, die diesen überpersönlichen Zusammenhang besonders gut verdeutlichen. Die Bibel redet vom „*Volk Gottes*". Ursprünglich ist dies das Vorrecht Israels: von Gott als Volk geschaffen und erwählt zu sein durch den „Bund", den Gott mit diesem Volk schließt. Durch Jesus sind wir, die „heidnischen" Völker, mit hinein genommen in diesen Bund und sind nun als Glaubende und Getaufte für Gott „*nicht mehr Gäste und Fremdlinge, sondern Mitbürger der Heiligen und Gottes Hausgenossen*" (Epheser 2,19). Wir haben Heimatrecht im Haus Gottes! Wir dürfen uns das Ganze ruhig „politisch" vorstellen: es gibt so etwas wie ein „Gemeinwesen Gottes", eine Stadt Gottes. In den Begriffen des griechischen Altertums: eine „Polis", einen Stadtstaat, eine himmlische Stadt, ein „himmlisches Jerusalem" (nach der Hauptstadt Israels), und dort haben die Christen Sitz und Stimme in der Versammlung der Bürgerinnen und Bürger. Davon redet Paulus im Philipperbrief ausdrücklich: „*Wir haben schon jetzt Bürgerrecht im Himmel, bei Gott. Von dort her erwarten wir auch unseren Retter, Jesus Christus, den Herrn.*" (Philipper 3,20). Diese Bürgerschaft versammelt sich im Gottesdienst. Dort ergeht die Weisung des Königs dieser Stadt, das Wort Gottes in der Verkündigung, und dort trägt das Volk dem Herrn seine Sorgen und Nöte entgegen, dort ehrt das Volk seinen Herrn und huldigt seinem König. All das sind Vorstellungen, die uns vielleicht sehr fremd sind, die ganz aus dem politischen Denken des Altertums geschöpft sind. Wo haben wir heute noch Könige – außer den Operettenherrschern, die weitgehend zu Dekoration da sind und die Spalten der Klatschpresse füllen? Und doch können wir den tiefen Sinn nachvollziehen, der darin liegt, dass das Volk Gottes in Jesus seinen König verehrt, sein Wort hört und an seinem Tisch sitzt, wenn das Heilige Abendmahl gefeiert wird.

Das zweite Bild für diese Gemeinschaft ist das Bild vom „Leib Christi". In 1. Korinther 12 heißt es: „12 Der Körper des Menschen ist einer und besteht doch aus vielen Teilen. Aber all die vielen Teile gehören zusammen und bilden einen unteilbaren Organismus. So ist es auch mit Christus: mit der Gemeinde, die sein Leib ist. 13 Denn wir alle, Juden wie Griechen, Menschen im Sklavenstand wie Freie, sind in der Taufe durch denselben Geist in den einen Leib, in Christus, eingegliedert und auch alle mit demselben Geist erfüllt worden. (…) 27 Ihr alle seid zusammen der Leib von Christus, und als Einzelne seid ihr Teile an diesem Leib." Die Gemeinde ist also wie ein Leib, zusammengestellt aus vielen unterschiedlichen Gliedern. Jedes Glied hat eine besondere Aufgabe im Ganzen des Leibes, und auch eine besondere, unverwechselbare Würde. Der Leib braucht die Vielzahl dieser Glieder. Würde auch nur eines fehlen, wäre der Leib insgesamt beeinträchtigt. Und umgekehrt wären die Glieder als einzelne nicht lebensfähig, sie brauchen einander und den Zusammenhang zu einem Leib. So betont das Bild des Leibes die „organische" Einheit der Gemeinde. Sie ist nicht „künstlich" gebildet durch den nachträglichen Zusammenschluss von einzelnen Gläubigen. Vielmehr geht diese Einheit allem Einzelnen voran und jeder Einzelne findet seine „Identität", das, was er oder sie ist, erst in dieser Einheit der Verschiedenen.

Dieses Bild vom „Leib Christi" weist noch in eine andere Richtung. Es zeigt auf die Handlungen, die die christliche Gemeinde die „Sakramente" nennt: das Wort Gottes in einer sichtbaren und spürbaren, nicht nur hörbaren Gestalt, als „Zeichenhandlung" verbunden mit einer gegenständlichen Wirklichkeit: mit dem Wasser der Taufe, mit Brot und Wein des Abendmahls.

Wenn ein Mensch getauft wird „im Namen des Vaters und des Sohnes und des Heiligen Geistes", wird sein Leben verbunden mit dem Sterben und Auferstehen Jesu. Im Wasser der Taufe stirbt der „alte" Mensch, der durch den Tod und die Trennung von Gott gezeichnet ist, und aus dem Wasser der Taufe steht der „neue" Mensch auf, verknüpft mit dem lebendigen Jesus Christus und dazu bestimmt, mit diesem Herrn ein neues Leben zu leben, ein Leben, das hier und jetzt beginnt und hinausreicht über die Schwelle des leiblichen Todes in die Ewigkeit hinein. Wo die Taufe empfangen und im Glauben und in der Nachfolge Jesu aufgenommen wird, da wird ein Mensch Glied am Leib Christi, er wird in den Leib Christi „eingeleibt". Das geschieht von Gott her, es ist nichts, was wir „tun" können. Die Taufe kann man nur empfangen, niemand tauft sich selbst. Aber die Taufe kommt nur dort zu ihrem Ziel, wo sie mit einem Leben in der Nachfolge Jesu aufgenommen wird. In der ältesten Zeit der Christenheit waren es wohl nur erwachsene Menschen, die aus einer persönlichen Begegnung mit Jesus heraus die Taufe empfangen haben. Erst später, wir wissen nicht genau wann, war es dann in einer mehrheitlich christlich geprägten Kultur so, dass auch Kinder getauft wurden (auch wenn schon in den neutestamentlichen Schriften einige Male die Rede davon ist, dass ganze „Häuser" getauft wurden, also wohl mit ihren Kindern).

Zu verantworten ist dieser Brauch der Kindertaufe nur, wenn ein christliches Haus dahintersteht, also Eltern, die ihr Taufgelübde ernst nehmen und mit ihren Kindern den Weg des Glaubens gehen, ihre Kinder in ein Leben mit Jesus mit hinein nehmen. Da hat sich bis heute mancher Missbrauch eingeschlichen, der die Taufe als Zeichen des Handelns Gottes verdunkelt und sie zu religiöser Folklore entstellt hat.

Grundsätzlich aber ist es so, dass die Taufe deutlich macht, dass die Liebe Gottes und das Geschenk seiner Zuwendung jeder menschlichen Entscheidung zuvorkommt.

In der Taufe, so sagten wir, wird ein Mensch Glied am Leib Christi. In diesem Leib bleibt er dann, wenn er beständig verbunden bleibt mit diesem Herrn Jesus Christus im Hören auf ihn und im ständigen Empfangen. Dies wird dort besonders deutlich, wo sich die Gemeinde am Tisch des Herrn versammelt, um mit Brot und Wein das Heilige Abendmahl, das „Mahl des Herrn" zu feiern. In Brot und Wein sind auf geheimnisvolle Weise der zerbrochene Leib Jesu und sein vergossenes Blut gegenwärtig. Diejenigen, die am Tisch des Herrn stehen, empfangen Ihn selbst: seinen Leib und sein Blut. Sie werden, was sie empfangen: Leib Christi – engste, leibhafte Gemeinschaft mit Ihm. Darin öffnet sich auch die Zeit: Vergangenheit, Gegenwart und Zukunft durchdringen sich. Wir bleiben nicht eingeschlossen in die vergehende Zeit. Für die Gemeinde wird ganz gegenwärtig, was damals vor zweitausend Jahren geschah. Wenn die Stiftungsworte des Abendmahls aus dem Evangelium vorgetragen werden, sind wir gegenwärtig in der Nacht, als Jesus verraten wurde. Wir sitzen mit am Tisch der Zwölf, die bei Jesus waren. Wir empfinden die Trauer des Todes und den Schrecken des Verrats und der Dunkelheit. Gleichzeitig aber erfahren wir, wie Jesus Christus, der Lebendige, jetzt und hier gegenwärtig ist und sich selbst gibt als „Brot des Lebens". Und in alldem bekommen wir Anteil an der kommenden Welt Gottes, an der großen Zusage, dass wir mit „am Tisch sitzen werden im Reich Gottes" (Lukas 13,29) in dem großen Fest der Vollendung. Das Heilige Abendmahl ist unser Vorgeschmack auf diese Vollendung, intensivste Gemeinschaft mit Ihm und untereinander, in der Gemeinde der Schwestern und Brüder.

Diese großen Zusammenhänge müssen nun allerdings übersetzt werden in das alltägliche Miteinander einer ganz normalen Gemeinde mit ganz normalen Menschen mit all ihren Stärken und Schwächen und Unzulänglichkeiten. Wie wichtig ist es, diese Vision zu bewahren und durchzutragen. Die Gemeinde ist der Ort, wo echte, tiefe und gelingende Beziehungen wachsen sollen, wo Freundschaften gepflegt werden, wo Menschen füreinander einstehen und miteinander teilen. Das betrifft nicht nur diejenigen, die einander sympathisch sind, sondern ist gerade dort eine echte Aufgabe, wo die natürlichen Grenzen von Sympathie und Ähnlichkeit überschritten werden. In der Gemeinde stoßen unterschiedliche Kulturen zusammen, kommen die Generationen zueinander, Arme und Reiche, Gesunde und Kranke. Jeder soll empfangen, jeder soll auch geben – und es soll Liebe untereinander sein, denn „wer seinen Bruder (und seine Schwester) liebt, der bleibt im Licht" (1. Johannesbrief 2,10). Das hat wenig von einer Idylle an sich, es ist Aufgabe und doch auch Geschenk. Wenn man erlebt hat, wie eine Gemeinde zusammenfindet, miteinander auf dem Weg ist in allen Verschiedenheiten der einzelnen Menschen, dann weiß man ein wie großes Glück eine echte Gemeinde ist, wie viel Sehnsucht hier zu ihrem Ziel kommt – aber auch, wie bedroht und zerbrechlich diese Gemeinschaft ist, und wie bedrohlich sie auch werden kann, wenn sie mit Konflikten schlecht umgehen kann. Die Gemeinde kann nur zusammenbleiben, wenn sich die einzelnen und alle miteinander immer wieder zu Jesus wenden, Ihn suchen, und wenn jeder und jede sich immer wieder korrigieren lässt durch die anderen, die anders sind.

Als ein Urbild von gewaltiger Ausstrahlungskraft steht der Bericht vor unseren Augen, den Lukas in der neutestamentlichen Apostelgeschichte vom Leben der ersten Gemeinde in Jerusalem gegeben hat: ein Leben in Hingabe, in Nähe zu Jesus, ein gemeinsames Leben, das Menschen stark angezogen hat und von dem diese Dynamik ausging, die in kurzer Zeit das Antlitz der gesamten Welt veränderte. Den Kern des gemeinsamen Lebens dieser ersten Gemeinde beschreibt Lukas in Apostelgeschichte 2,42: *„Sie alle widmeten sich eifrig dem, was für sie* *als Gemeinde wichtig war: Sie ließen sich von den Aposteln unterweisen, sie hielten in gegenseitiger Liebe zusammen, sie feierten das Mahl des Herrn, und sie beteten gemeinsam."* Vier besondere Kennzeichen dieser Gemeinde gibt es nach diesem Bericht: die *Lehre der Apostel* (im Kern: Jesu Tod und Auferstehung), die *Gemeinschaft in Liebe*, die tägliche *Feier des Herrenmahls* und das beständige *gemeinsame Gebet.* Noch heute wird es so sein, dass diese vier Kennzeichen der Gemeinde erkennbar sind, wo immer Christen aufhören ihren Glauben nur als Privatsache zu verstehen und beginnen mit Ernst, mit Freude und mit Leidenschaft als Gemeinde zu leben.

Uns allen ist klar, dass die „Institution" Kirche so nicht ist. Diese biblische Leidenschaft ist ihr verloren gegangen. Sie ist ein sehr seriös geführtes Traditionsunternehmen, das die Kraft des Anfangs fast durchgehend verloren hat. Der Wiener katholische Theologe Paul Michael Zulehner hat es einmal so ausgedrückt: am Anfang der Kirche stand eine Vision, dann kam eine Gemeinschaft, schließlich eine Institution. Als erstes starb die Vision, es blieben Gemeinschaft und Institution, dann ging die Gemeinschaft verloren. Und am Ende blieb nur noch eine Institution – ohne Gemeinschaft und ohne Vision. Mich hat diese Beschreibung sehr beeindruckt und auch bedrückt. So erlebe ich oft den Zustand der Kirche. Aber ich weiß auch: wo die Vision wiederentdeckt wird, da wächst auch die Gemeinschaft neu, und dieser Gemeinschaft kann es gelingen, mit so wenig „Institution" wie nötig auszukommen. Die „Vision" wiederentdecken, das meine ich ganz wörtlich: eine Vision ist eine *Schau*. Das heißt: wo sich Jesus uns zeigt, wo wir auf Jesus schauen, wo wir miteinander dorthin gehen, wo Jesus gegenwärtig ist und erfahrbar ist, dort wächst Gemeinde.

Noch ein Weiteres: unsere Überzeugung ist es, dass wir diese Wiederentdeckung der Vision nicht in der Hand haben. Sie ist nicht berechenbar und verfügbar, aber wir dürfen und sollen uns nach ihr sehnen und sie suchen, dann wächst sie von Gott her unter uns. Zu allen Zeiten war die Gemeinde für die Christen auf das engste mit dem Glauben an den Heiligen Geist verbunden (dazu weiter unten in Kap. 7). Im „Apostolischen Glaubensbekenntnis" heißt es: „Ich glaube an den Heiligen Geist, die heilige christliche (eigentlich: katholische) Kirche…" Der „Heilige Geist", das ist nun Gott selbst, wie er als innerste Kraft alles Geschaffene formt und auch im Herzen des Menschen als Hoffnung, als Friede, als Quelle von Freude und Gerechtigkeit erfahrbar ist. Nicht nur eine Wirkung Gottes, ein „Stück" von Gott, sondern der lebendige Gott selbst, der in seiner Fülle lebt als Vater, Sohn und Heiliger Geist, als dreieiniger Gott. Die Gemeinde ist in besonderer Weise der Ort, an dem der Heilige Geist Gottes wirkt und dort auch außerordentliche Dinge tut. Das Fest des Heiligen Geistes im Lauf des Kirchenjahres, das Pfingstfest, vergegenwärtigt uns diesen besonderen Zusammenhang: Lukas erzählt in der Apostelgeschichte, wie eine gewaltige Be-Geisterung die in Jerusalem versammelten Freunde Jesu ergriff. Der Geist Gottes stiftet eine besondere Sprache und ein besonderes gegenseitiges Verstehen der aus den unterschiedlichsten Völkern in Jerusalem zusammen gekommenen Menschen. Lukas deutet diesen geheimnisvollen Vorgang mit einem Wort des alttestamentlichen Propheten Joel (Apostelgeschichte 2,17 und 18, mit einem Zitat aus Joel 3): *„Wenn die letzte Zeit anbricht, sagt Gott, dann gieße ich über alle Menschen meinen Geist aus. Männer und Frauen in Israel werden dann zu Propheten. Junge Leute haben Visionen und die Alten prophetische Träume. Über alle, die mir dienen, Männer und Frauen, gieße ich zu jener Zeit meinen Geist aus und sie werden als Propheten reden."* So haben sich die ersten Christen verstanden: hineingestellt in eine neue Zeit, die für sie die „letzte Zeit" war, das beginnende Ende der alten Welt und Anbruch der neuen Schöpfung. Zeichen dieser Zeit ist die „Prophetie", der von Gott gewährte Einblick in seinen Plan, ausgesprochen von geistbegabten Männern und Frauen. Zeichen dieser Zeit sind aber auch die anderen, von uns als mehr oder weniger außergewöhnlich erfahrenen,

Gaben: Heilungen, Austreibungen von Dämonen, das „Sprachengebet", Weisheit und Erkenntnis, die Begabung für ein Amt (siehe die unterschiedlichen Zusammenstellungen in Römer 12 und 1. Korinther 12,
Galater 5) – und als größte und wunderbarste Geistesgabe, nach der
alle suchen sollen: die Liebe. Von ihr schreibt Paulus: „Auch wenn alles
einmal aufhört – Glaube, Hoffnung und Liebe nicht. Diese drei werden
immer bleiben; doch am höchsten steht die Liebe." (1. Korinther
13,13) Für uns heute sind diese biblischen Erfahrungen nichts einfach
Vergangenes, auf das wir wie auf ein Goldenes Zeitalter nur zurückbli-
cken könnten, sondern wir erleben es so: wo immer die ursprüngliche
„Vision" wiederentdeckt wird, brechen diese Geistesgaben neu auf.

In der Gemeinde erfahren wir Heilungen, dort werden prophetische
Worte laut, es gibt das Sprachengebet; die einzelnen erleben Friede,
Freude und Geduld – und, am wichtigsten von allem: es ist Liebe da.
Wo der Geist Gottes wirkt, haben wir als Menschen nicht mehr die
Kontrolle über Verhältnisse und Beziehungen, es geschehen manch-
mal Dinge, die uns ratlos machen oder uns verunsichern. Ohne diese
Spur von „Be-Geist-erung", von Enthusiasmus wird es aber keine
christliche Gemeinde geben. Daher ist es so wichtig, das Wirken des
Heiligen Geistes zu suchen und die Mahnung des Apostels Paulus im
Blick zu haben: *„Unterdrückt den Geist nicht."* (1. Thessalonicher 5,19).

Wenn wir von den Gaben sprechen, von den „Gnadengaben", den
Geschenken des Heiligen Geistes, wollen wir zum Beschluss dieses Ab-
schnittes noch einmal auf das zurückkommen, was wir im Voranschreiten nur kurz berührt haben. Wir wollen festhalten, dass wir mit der
Gabe auch eine *Aufgabe* empfangen. Ich habe den Auftrag: *Zeuge* zu
sein. Der Begriff des „Zeugen" kommt aus der Gerichtssprache. Der
Zeuge tritt einem Prozess ein für das, was er empfangen, gesehen, gehört, erfahren hat. Er oder sie darf es nicht verschweigen, ohne sich
selbst schuldig zu machen. Er darf das, was er gesehen hat, aber auch

nicht ausschmücken und aus Eigenem verändern. Der Auftrag, Zeuge in diesem Sinne zu sein, steht schon ganz am Beginn der Christenheit: *„Ihr werdet die Kraft des Heiligen Geistes empfangen, der auf euch kommen wird und werdet meine Zeugen sein in Jerusalem und in ganz Judäa und Samarien und bis an die Enden der Erde."* (Apostelgeschichte 1,8). Das ist zunächst eine ganz schlichte Zusage an diejenigen, die bei Jesus waren, ihn als denjenigen gesehen haben, der den Tod überwunden hat. Jesus sagt nicht einfach: Ihr *sollt* meine Zeugen sein. Er sagt: „Ihr *werdet* meine Zeugen sein." Für diejenigen, die den Geist Gottes empfangen haben, wird es das ganz normale sein, von dem, was sie mit Jesus erlebt haben, weiter zu sagen. Und so haben es die ersten Zeugen schon selbst empfunden, als die befragt wurden und ihnen befohlen werden sollte, die Botschaft von Jesus zu verschweigen: *„Wir können nicht aufhören, von dem zu reden, was wir gesehen und gehört haben."* (Apostelgeschichte 2,20).

Die ganz grundlegende Form dieses Auftrags finden wir in dem berühmten „Sendungsbefehl", mit dem der auferstandene Jesus seine Schüler in die Welt schickt: Matthäus 28,18-20: *„Jesus trat auf seine Schüler zu und sagte: Gott hat mir unbeschränkte Vollmacht im Himmel und auf der Erde gegeben. Darum geht nun zu allen Völkern der Welt und macht die Menschen zu meinen Jüngern und Jüngerinnen! Tauft sie im Namen des Vaters und des Sohnes und des Heiligen Geistes, und lehrt sie, alles zu befolgen, was ich euch aufgetragen habe. Und das sollt ihr wissen: Ich bin immer bei euch, jeden Tag, bis zum Ende der Welt.".* Alles hängt aber doch daran, dass Zeugen in diesem Sinne nur diejenigen sein können, die wirklich etwas gesehen und erfahren haben. Die ersten Zeugen haben den auferstandenen Jesus Christus mit ihren leiblichen Augen gesehen. Wir machen unsere Erfahrungen mit Ihm heute auf andere Art, und wir sind doch zutiefst verbunden mit dem, was die Zeugen des Anfangs gesehen und erlebt haben. Das verbindet uns: wo Jesus Christus im Heiligen Geist gegenwärtig ist, da sollen wir Zeugen sein, und da können wir gar nicht anders als Zeuginnen und Zeugen sein. Auf unsere jeweils ganz unvertretbare Art, in der Weise, wie wir den Herrn Jesus Christus in unserem Leben kennen gelernt haben.

Psalm 100

1 Jubelt dem HERRN zu, ihr Bewohner der Erde!
2 Stellt euch freudig in seinen Dienst!
Kommt zu ihm mit lautem Jauchzen!
3 Denkt daran: Der HERR allein ist Gott!
Er hat uns geschaffen und ihm gehören wir.
Sein Volk sind wir, er sorgt für uns
wie ein Hirt für seine Herde.
4 Geht durch die Tempeltore mit einem Danklied,
betretet den Festplatz mit Lobgesang!
Preist ihn, dankt ihm für seine Taten!
5 Denn der HERR ist gut zu uns,
seine Liebe hört niemals auf,
von einer Generation zur anderen bleibt er treu.

Römer 6,3-6

3 Ihr müsst euch doch darüber im Klaren sein, was bei der Taufe mit euch geschehen ist. Wir alle, die »in Jesus Christus hinein« getauft wurden, sind damit in seinen Tod hineingetauft, ja hineinge*taucht* worden. 4 Durch diese Taufe wurden wir auch zusammen mit ihm begraben. Und wie Christus durch die Lebensmacht Gottes, des Vaters,

vom Tod auferweckt wurde, so ist uns ein neues Leben geschenkt worden, in dem wir nun auch *leben* sollen. 5 Denn wenn wir mit seinem Tod verbunden wurden, dann werden wir auch mit seiner Auferstehung verbunden sein. 6 Das gilt es also zu begreifen: Der alte Mensch, der wir früher waren, ist mit Christus am Kreuz gestorben. Unser von der Sünde beherrschtes Ich ist damit tot und wir müssen nicht länger Sklaven der Sünde sein.

Johannes 6, 48-51

48 Jesus sagt: *Ich* bin das Brot, das Leben schenkt. 49 Eure (d.h. der Israeliten) Vorfahren aßen das Manna in der Wüste und sind trotzdem gestorben. 50 Hier aber ist das Brot, das vom Himmel herabkommt, damit, wer davon isst, *nicht* stirbt. 51 *Ich* bin das lebendige Brot, das vom Himmel gekommen ist. Wer von diesem Brot isst, wird ewig leben. Das Brot, das ich geben werde, ist mein Leib. Ich gebe ihn hin, damit die Menschen zum Leben gelangen können.«

Apostelgeschichte 2,42-47

42 Sie alle widmeten sich eifrig dem, was für sie als Gemeinde wichtig war: Sie ließen sich von den Aposteln unterweisen, sie hielten in gegenseitiger Liebe zusammen, sie feierten das Mahl des Herrn, und sie beteten gemeinsam. 43 Alle Menschen in Jerusalem wurden von ehrfürchtiger Scheu ergriffen; denn Gott ließ durch die Apostel viele Staunen erregende Wunder geschehen. 44 Alle, die zum Glauben gekommen waren, bildeten eine enge Gemeinschaft und taten ihren ganzen Besitz zusammen. 45 Von Fall zu Fall verkauften sie Grundstücke und Wertgegenstände und verteilten den Erlös unter die Bedürftigen in der Gemeinde. 46 Tag für Tag versammelten sie sich einmütig im Tempel, und in ihren Häusern hielten sie das Mahl des Herrn und aßen gemeinsam, mit jubelnder Freude und reinem Herzen. 47 Sie priesen Gott und

wurden vom ganzen Volk geachtet. Der Herr aber führte ihnen jeden Tag weitere Menschen zu, die gerettet werden sollten.

Epheser 5,1-10

1 Nehmt also Gott zum Vorbild! Ihr seid doch seine geliebten Kinder! 2 Euer ganzes Leben soll von der Liebe bestimmt sein. Denkt daran, wie Christus uns geliebt und sein Leben für uns gegeben hat, als eine Opfergabe, an der Gott Gefallen hatte. 3 Weil ihr Gottes heiliges Volk seid, schickt es sich nicht, dass bei euch von Unzucht, Ausschweifung und Habgier auch nur gesprochen wird. 4 Es passt auch nicht zu euch, gemeine, dumme oder schlüpfrige Reden zu führen. Benutzt eure Zunge lieber, um Gott zu danken! 5 Ihr müsst wissen: Wer Unzucht treibt, ein ausschweifendes Leben führt oder von Habgier erfüllt ist – und Habgier ist eine Form von Götzendienst –, für den ist kein Platz in der neuen Welt, in der Christus zusammen mit Gott herrschen wird. 6 Lasst euch nicht durch leeres Geschwätz verführen! Genau diese Dinge sind es, mit denen die Menschen, die Gott nicht gehorchen wollen, sich sein Strafgericht zuziehen. 7 Mit solchen Leuten dürft ihr nichts zu tun haben! 8 Auch ihr gehörtet einst zur Finsternis, ja, ihr wart selbst Finsternis, aber jetzt seid ihr Licht, weil ihr mit dem Herrn verbunden seid. Lebt nun auch als Menschen des Lichts! 9 Aus dem Licht erwächst als Frucht jede Art von Güte, Rechtschaffenheit und Treue. 10 Fragt immer, was dem Herrn gefällt!

6. Für das Leben eintreten

Wenn ein Mensch beginnt, sein Leben mit Jesus zu leben, verändert sich vieles. Paulus schreibt: „Wenn also ein Mensch zu Christus gehört, ist er schon »neue Schöpfung«. Was er früher war, ist vorbei; etwas ganz Neues hat begonnen." (2. Korinther 5,17). Wie sieht das aus, was verändert sich, was wird „neu"?

Was hier gemeint ist, möchte ich mit einigen persönlichen Erfahrungen erläutern. Ich denke an einen Jugendlichen, der auf einer Freizeit zum Glauben an Jesus Christus gekommen war. Die Freizeit war zu Ende, am Bus wurde er von seinen Eltern abgeholt und begrüßte sie sogleich strahlend und mit den Worten: „Wisst ihr was. Ich gehöre jetzt zu Jesus!" Die Eltern guckten etwas peinlich berührt, luden ihren Sohn ein und fuhren nach Hause. Einige Tage später rief mich die Mutter an und verlangte mit zornbebender Stimme Auskunft: „Was haben Sie mit meinem Sohn gemacht. Der ist ganz komisch. Setzt sich in sein Zimmer und liest in der Bibel. Wir dachten, wir tun ihm etwas Gutes, wenn wir ihn bei der Kirche mitgeben." Eine andere Begebenheit: Ein Mann von Ende fünfzig hatte in einem Glaubenskurs sein Leben Jesus Christus anvertraut. Er hatte intensiv über sein Leben nachgedacht und sich vieles aufgeschrieben, was er jetzt bereinigen wollte. Dabei kam er auf einen Versicherungsbetrug, der schon viele Jahre zurücklag. Damals war es um eine Summe von 1000 DM gegangen. Unser Mann rechnete nun aus, wie groß die Geldsumme mit Zinsen und Zinseszinsen inzwischen geworden war und wandte sich mit einem Schreiben an die Versicherung, in welchem er den Sachverhalt aufklärte und um Mitteilung bat, wohin er den Gesamtbetrag überweisen könne. Die Versicherung reagierte erstaunt. Man wies ihn darauf hin, dass die Sache inzwischen verjährt sei. Nach einigem Hin und Her stellte sich schließlich heraus, dass die Versicherung eigens für solche Fälle von „Gewissensbissen", die wohl nicht so ganz selten sind, ein

Konto unterhielt, auf welches die inzwischen schon längst abgeschriebenen Geldbeträge überwiesen werden konnten.

Ich könnte in diesem Stil noch eine ganze Reihe von teilweise heiteren Episoden mit durchaus ernstem Hintergrund erzählen. Gemeinsam ist diesen und manchen viel dramatischeren Fällen, dass Menschen in der Begegnung mit Jesus plötzlich ihr Leben neu bewerten. Manches, das nach gesellschaftlichen Maßstäben als legitim oder geduldet gilt, erscheint plötzlich in einem neuen Licht. Schuld, die jahre- oder jahrzehntelang verdrängt und verkleinert wurde, erscheint plötzlich als das, was sie wirklich ist: als ein Bruch mit den Lebensordnungen Gottes, als Mauer, die zwischen Gott und einem Menschen steht. Was kann ein Mensch tun, um diese Schuld abzutun? Nichts – er kann sie nur an das Kreuz Jesu bringen, sie auf Jesus laden, und dann Schritt für Schritt sein Leben von Jesus verändern lassen. Ich denke an Frauen, die, lange nachdem sie Kinder abgetrieben hatten, voll verdrängter Trauer zu mir kamen. Nichts kann diese getöteten Kinder wieder lebendig machen. Aber wir sind gemeinsam zu Jesus gegangen, haben die Schuld vor ihm ausgebreitet, an ihn abgegeben, und ich habe erlebt, wie diese Frauen mit frohem Herzen fort gingen.

Wer von Jesus berührt wird, erkennt *Sünde* in seinem eigenen Leben, das was von Gott trennt und das eigene Leben beschädigt und zerstört. Das ist für mich geradezu ein Kennzeichen einer Lebenswende und einer Zuwendung zu Jesus, die wirklich in die Tiefe geht. Dann kommt eine neue Ordnung in ein Leben hinein: das heißt, sich an den Ordnungen Gottes auszurichten, in der Gemeinschaft mit Ihm und im Gehorsam gegen Ihn zu leben. In den Glaubenskursen leiten wir dazu an, die Zehn Gebote, die biblischen Grundordnungen Gottes für gelingendes Leben, als einen „Spiegel" zu lesen, in dem wir uns selbst erkennen, an dem wir uns auch prüfen können, um uns nach persönlicher Veränderung auszustrecken (siehe einen solchen

Beichtspiegel im Anhang). Jesus nimmt diese Zehn Gebote auf, er schafft sie nicht etwa ab, er verschärft sie sogar. Und doch verändert Jesus etwas und darin wird deutlich, wo das Geheimnis dieses neuen Lebens in Christus liegt. Jesus fasst das Gebot Gottes so zusammen: *„Liebe den Herrn, deinen Gott, von ganzem Herzen, mit ganzem Willen und mit deinem ganzen Verstand! Dies ist das größte und wichtigste Gebot. Aber gleich wichtig ist ein zweites: Liebe deinen Mitmenschen wie dich selbst!"* (Matthäus 22, 38.39) Der letzte Maßstab hinter allem ist der Maßstab der Liebe: passt das, was ich tun möchte dazu, dass ich Gott liebe, in der Beziehung zu ihm stehe? Und: passt es dazu, dass ich meinen Mitmenschen in seinen Lebensmöglichkeiten praktisch und aktiv wertschätzen und fördern möchte? Wir drücken es oft einfacher so aus: Kann sich Jesus über das, was du tust, freuen? Viele Jugendliche tragen auch das aus Amerika kommende farbige Armband mit den Buchstaben „W.W.J.D." – „What would Jesus do?" Auf deutsch: Was würde Jesus tun? Klar ist, dass hier alles auf die Beziehung zu Jesus ankommt, auf das „In-Jesus-Sein", die Lebensverbindung mit Ihm. An vielen Punkten gibt uns das Gebot Gottes eindeutige und klare Vorgaben für unser Handeln. Aber an vielen anderen Punkten ist es so, dass kein „geschriebenes" Gebot in die Situation hineinreicht, in der wir urteilen und handeln müssen. Hier kann dann nur in sehr sorgfältigem Hören auf Gottes Wort und die aktuelle Stimme Gottes geurteilt werden, in Mündigkeit und in der Freiheit, die den Kindern Gottes zukommt, aber doch auf dem Boden des Wortes Gottes und seiner Ordnungen.

„Neue Schöpfung" sind diejenigen, die ihr Leben Jesus verdanken, sich Ihm verantwortlich wissen und alles, was sie tun, mit Ihm und für Ihn tun wollen. Für die Generation der ersten Christen war der Zusammenhang klar: Wer getauft ist auf den Namen des Vaters, des Sohnes und den Heiligen Geistes, hat sein Leben der Herrschaft Jesu unterstellt. Taufe bedeutet „Herrschaftswechsel". Das hat eine große befreiende Folge: nichts in der Welt kann letztlich Herrschaft über mich beanspruchen: nicht mein Beruf, nicht meine Familie, nicht Sitten und Gebräuche, nicht der Staat. Ich gehöre Jesus. Allerdings lebe ich in den Ordnungen, die Gott für diese vergehende Welt aufgerichtet hat: die Ehe ist eine solche Ordnung, ebenso wie die Rechtsordnung des Staates und die (gerechte!) politischen Ordnung überhaupt. Und doch hat alles das nicht die letzte Macht über mich, weil Jesus größer ist als diese Ordnungen, die nur in ihren jeweiligen Grenzen Recht haben. In diesen Ordnungen darf und soll ich Gott dienen im vollen Wissen um ihre Grenzen und auch um die Grenzen meiner Möglichkeiten. Das stellt mein kleines, einzelnes Leben in große Zusammenhänge hinein, die nicht nur mein „privates" Leben erfassen. Es geht darin keineswegs um so etwas wie „Jesus und ich". Die Christen tragen Verantwortung für die Welt, in der wir gemeinsam mit Menschen ganz anderer Überzeugungen leben. Der christliche Glaube ist zutiefst „politisch", auf das *gemeinsame* Leben der Menschen bezogen. In diesen Gemeinwesen, deren Bürgerinnen und Bürger wir sind, wollen die Christen dafür wirken, dass Lebenschancen steigen. Das gilt für den Nahbereich, in dem wir leben: für unsere Stadt, unsere Nachbarschaft, unsere Schule, unseren Sportverein. Und es gilt als weltweite Verantwortung, so dass wir mit wachen Augen das Geschehen dieser Welt verfolgen und gerade dort aufmerksam sind, wo das Interesse der Fernsehsender und Zeitungen nicht hinreicht.

Das Evangelium von Jesus Christus hat von seinem Anbeginn an besonders die Armen im Blick gehabt, die Opfer von Gewalt und Willkür. Das gilt bis heute. Seit vielen Jahren hat man in der Christenheit diese Verantwortung für die großen Zusammenhänge in drei Schlagworten zusammengefasst. „Frieden, Gerechtigkeit, Bewahrung der Schöpfung." Das Eintreten für Frieden, der Kampf gegen Ungerechtigkeit, wo immer wir ihr begegnen, und der sorgsame, nachhaltige Umgang mit der uns anvertrauten Schöpfung: dies beginnt im ganz normalen Alltag unseres Lebens und wird hineinreichen bis in globale Zusammenhänge, die uns an manchen Stellen eine ganz entschiedene Stellungnahme abverlangen. Wir denken an den Einsatz von Christen gegen Armut und Unterdrückung, für Chancengleichheit und Lebensmöglichkeiten heute. Wir denken aber auch an so eindrückliche Gestalten wie Dietrich Bonhoeffer, der seinen Einsatz für Gerechtigkeit unter den Bedingungen des nationalsozialistischen Deutschland mit seinem Leben bezahlte. Wir Christen in den reichen Ländern des Westens mit ihrer rechtsstaatlichen Ordnung wissen heute noch nicht, wann die Zeit kommt, in der wir vielleicht wieder nach einer derartigen Entschiedenheit gefragt werden. An manchen Punkten werden unterschiedliche Ansichten über das Notwendige aufeinanderprallen, aber das müssen wir aushalten: die Welt ist vieldeutig und wird (fast) immer unterschiedliche Folgerungen zulassen – aber Gottes handeln ist eindeutig, Er verbindet uns, wo uns die Verhältnisse und unsere Erfahrungen zunächst einmal trennen.

An jedem Morgen aber bin ich neu gefordert zu entscheiden, wofür ich meine Kraft, meine Zeit, mein Geld einsetzen will. Für meine eigenen Ziele oder dafür, dass Jesus sich über mich freuen kann. Alles hängt daran, wie die Verbundenheit mit Ihm vertieft werden kann: lebe ich täglich mit dem Wort Gottes, suche ich die Lebensverbindung mit Jesus im Gebet? Habe ich meinen verbindlichen Ort in der Gemeinschaft der Christen in meiner Gemeinde? Lebe ich einen Lebensstil von Versöhnung und Vergebung, wo immer sich Zwietracht und Hass breit machen?

aus Psalm 119

9 Wie kann ein junger Mensch sein Leben meistern?
Indem er tut, was du gesagt hast, HERR.
10 Von Herzen frage ich nach deinem Willen;
bewahre mich davor, ihn zu verfehlen!
11 Was du gesagt hast, präge ich mir ein,
weil ich vor dir nicht schuldig werden will.
12 Ich muss dir immer wieder danken, HERR,
weil du mich deinen Willen kennen lehrst.
13 Was du nach deinem Recht entschieden hast,
das sage ich mir immer wieder auf.
14 Genau nach deinen Weisungen zu leben
erfreut mich mehr als alles Gut und Geld.
15 Ich denke über deine Regeln nach,
damit ich deinen Weg für mich erkenne.
16 HERR, deine Ordnungen sind meine Freude;
ich werde deine Worte nicht vergessen.

Matthäus 22,33-40

33 Die ganze Menschenmenge, die zugehört hatte, war tief beeindruckt von dem, was Jesus da lehrte. 34 Als die Pharisäer erfuhren,
dass Jesus die Sadduzäer zum Schweigen gebracht hatte, kamen sie
bei Jesus zusammen. 35 Einer von ihnen, ein Gesetzeslehrer, stellte
Jesus eine Falle. Er fragte ihn: 36 »Lehrer, welches ist das wichtigste
Gebot des Gesetzes?« 37 Jesus antwortete: »'Liebe den Herrn, deinen
Gott, von ganzem Herzen, mit ganzem Willen und mit deinem ganzen
Verstand!' 38 Dies ist das größte und wichtigste Gebot. 39 Aber gleich
wichtig ist ein zweites: 'Liebe deinen Mitmenschen wie dich selbst!' 40
In diesen beiden Geboten ist alles zusammengefasst, was das Gesetz
und die Propheten fordern.«

Beichtspiegel

1. Ich bin der Herr, dein Gott. Du sollst keine anderen Götter haben neben mir.
Wo habe ich andere Menschen, Dinge, Werte, Beziehungen an die Stelle Gottes gestellt? Wo habe ich Glück, Erfüllung und letzte Befriedigung gesucht und habe damit Gott die Ehre geraubt?
2. Du sollst dir kein Gottesbild machen, das du anbetest und dem du dienst.
Wo habe ich Gott klein gemacht, ihn in Schemata gepresst, ihn ignoriert - praktisch in meinem Handeln und von meiner Lebenseinstellung her? Wo habe ich mich in okkulte Praktiken verstrickt?
3. Du sollst den Namen des Herrn, deines Gottes nicht missbrauchen.
Wo habe ich Gott für meine Pläne und Wünsche in Anspruch genommen? Wo bin ich auch sprachlich unachtsam gewesen (Fluchen, Schwören)?
4. Du sollst den Feiertag heiligen.
Wo habe ich Gott die Ehre verweigert durch Ruhelosigkeit, ständige Aktivität? Habe ich ohne sein Wort gelebt, ohne Gebet, ohne Gemeinschaft mit anderen Christen?
5. Du sollst deinen Vater und deine Mutter ehren.
Wo trage ich noch Groll gegen meine Eltern? Wo lehne ich mich auf gegen Autoritäten, die meine Loyalität und meinen Respekt brauchen (z.B. Lehrer, Vorgesetzte, Politik!)?
6. Du sollst nicht töten.
Wo beeinträchtige ich die Lebensmöglichkeiten und -chancen anderer? Wo gebe ich Hass und negativen Gedanken und Gefühlen Raum? Wo bin ich anderen Hilfe und Unterstützung schuldig geblieben?
7. Du sollst nicht ehebrechen.
Wo greife ich in eheliche Beziehungen anderer ein? Wie gehe ich mit meiner Sexualität und der Sexualität anderer Menschen um? Wo bin ich meinem Partner Liebe und Respekt schuldig geblieben?

8. Du sollst nicht stehlen.

Wo gehe ich achtlos an Not und Armut vorbei, wo hätte ich helfen müssen? Wo habe ich in das Eigentum anderer eingegriffen, evtl. durch Steuerhinterziehung, Schwarzarbeit, Versicherungsbetrug? Wo habe ich behalten, wenn ich eigentlich hätte teilen müssen?

9. Du sollst kein falsches Zeugnis gegen deinen Nächsten reden.

Wo habe ich andere schlecht gemacht? Über wen "lästere" ich? Mache ich es mir zur Gewohnheit, nur ermutigende, hilfreiche Dinge zu sagen - oder rede ich zur eigenen Entlastung?

10. Du sollst nicht begehren, was deinem Nächsten gehört.

Wo habe ich neidisch auf andere geschaut und sehe mich in Konkurrenz zu anderen?

7. Weil Gott sich zu erfahren gibt

Unser Glaube ist, dass die Wirklichkeit Gottes die tiefste und umfassendste Wirklichkeit ist. Alles andere, was uns umgibt, ist „weniger wirklich". Alles, was ist, gibt es nur deshalb, weil es Anteil hat an der Wirklichkeit Gottes, weil es von Gott im Sein gehalten wird. Wenn diese Anteilhabe dahin ist, fallen Menschen und Dinge zurück in die Nichtigkeit (Psalm 104,29). Das kehrt unsere normale Sichtweise um. Meistens billigen wir den Dingen, die im Vordergrund unseres Lebens stehen, ein größeres Maß an Wirklichkeit zu: sie bestimmen unser Verhalten. Wir wollen Arbeiten gut erledigen, uns die Anerkennung unserer Mitmenschen erwerben, wollen Freude genießen und Schmerz vermeiden. Das Nächste ist das Wirklichste, und je weiter etwas weg ist und je weniger sinnliche Wahrnehmung in Sehen, Hören, Fühlen möglich scheint, desto weniger Wirklichkeit hat etwas für mich, desto weniger bestimmt es mein Tun und Lassen.

Wenn jemand noch nie eine Gottes-Erfahrung gemacht hat, die Erfahrung einer Berührung durch die Gegenwart Gottes, ein Getragensein und Gehaltenwerden mitten in Schmerz und Leid – wie solle es dann für ihn oder sie möglich sein, Gott als die wirklichste Wirklichkeit zu glauben? Es gibt keine menschliche Möglichkeit, Zugang zu dieser Wirklichkeit Gottes in ihrer Fülle zu finden. Es gibt Ahnungen von einer Größe und Intelligenz, die hinter den Dingen liegt, einen „Sinn und Geschmack für die Unendlichkeit", wie es ein großer Theologe einmal ausgedrückt hat. Es gibt auch die Stimme des Gewissens, mit der uns die Ordnungen Gottes ins Herz eingezeichnet sind. Aber all dies ist doch mehr Frage als Antwort, mehr Vorahnung als Erfüllung. Allerdings sind dies Erinnerungen daran, dass der Mensch zu anderem und zu mehr bestimmt ist, als zu einem bloßen Geborenwerden und Vergehen. Diese Bestimmung selbst aber erschließt sich nicht dem Zugriff von außen, dem Fragen und Forschen des Menschen. Die Wirklichkeit

Gottes ist keinem neutralen, naturwissenschaftlichen Experiment zugänglich.

Mit der Wirklichkeit Gottes verhält es sich so, dass sie sich nur gleichsam „von innen her" öffnet. Sie öffnet sich auf die Weise, dass Gott selbst alles Trennende überwindet und sich zu erfahren gibt. Gott schenkt Erfahrung mit sich, Er berührt Menschen, Er spricht Menschen an. Dies hängt zutiefst damit zusammen, dass der Mensch Person ist: ein hörendes uns antwortendes Wesen, ein Wesen, das fragt und zweifelt, hofft und auf der Suche ist. So berührt Gott den Menschen auf eine dem Menschen angemessene, auf eine menschliche Weise. Hier zeigt sich Gott aber auch nicht als irgendeine namenlose, undeutliche Macht, sondern seinerseits als Person: als Gott der redet, handelt, herausfordert, verändert. Mit einem Wort: er zeigt sich als der Liebende, der die Gemeinschaft mit uns Menschen sucht. Darin erst kommt unser tiefstes Fragen und Suchen, unsere Sehnsucht nach Fülle, zu ihrem Ziel.

Niemand hat das schöner ausgedrückt als im 5. Jahrhundert der große „Kirchenvater" Augustinus in seinen „Bekenntnissen": „Zu Dir hin Gott, hast Du uns geschaffen, und unruhig ist unser Herz, bis es Ruhe findet in Dir." In der Sprache der Bibel und in der Sprache Augustins ist unsere menschliche Personmitte Ort der Begegnung mit Gott: das Herz, das innerlichste Organ des Menschen, das in diesem Verständnis ja etwas ganz anderes ist als eine Blutpumpe, vielmehr der Sitz unserer Sehnsucht und Hoffnung, aller Gefühle, aber auch der „Vernunft", die mehr ist als der rechnende „Verstand".

Gottes Wirklichkeit öffnet sich dem Herzen „von innen her", so sagten wir. Was wir hineintragen können in diese Begegnung ist nicht viel, aber doch etwas Notwendiges und Entscheidendes: unsere Sehnsucht nach Gott, unsere Achtsamkeit auf Sein Reden, Achtsamkeit auch auf die uns umgebenden Menschen und Dinge, unsere Bereitschaft zur Stille. Wir „erzeugen" die Gegenwart Gottes nicht. Gott ist immer schon da als der Innerlichste und Nächste. Es geht darum, sich zu öffnen für Seine Nähe und bereit zu werden für Sein Reden.

Für uns Christen steht in der Mitte der Wirklichkeit die Liebe. Das ist nun ein undeutliches und viel missbrauchtes Wort. Und doch macht dieses Wort den entscheidenden Unterschied deutlich zum Lebensgefühl unserer Zeit. Wenn diese Welt ein Zufallsprodukt ist, geboren aus der ziellosen Kombination chemischer Elemente, wenn das Leben Ergebnis einer blinden Evolution sein sollte, dann ist diese ganze Welt dem Menschen gegenüber vollkommen gleichgültig. In der Mitte steht der blinde Zufall. Für die Christen steht in der Mitte der Wirklichkeit die liebevolle, freundliche, souveräne Zuwendung Gottes zu allem Geschaffenen; die liebevolle Zuwendung vor allem zu dem Menschen, der nach dem Bericht der Bibel als Ebenbild Gottes geschaffen wurde. Wir leben nicht in einer gleichgültigen Welt, sondern in einer Schöpfung, die Raum dafür ist, dass Gott Seine Größe und Güte zeigt und Beziehung stiftet zwischen Seinen Geschöpfen und sich selbst. Was ist letztlich glaubhaft? Was überzeugt uns so, dass wir uns darin festmachen können mit unserem Leben? Die Antwort des christlichen Glaubens auf diese Frage ist: Glaubhaft ist nur die Liebe! In einem großen Wort der Bibel ist es ganz schlicht so festgehalten: *„Wir jedenfalls haben erkannt und halten im Glauben daran fest, dass Gott uns liebt. Gott ist Liebe. Wer in der Liebe lebt, lebt in Gott und Gott lebt in ihm."* (1. Johannes 4,16) „Gott ist Liebe", das heißt Sein Wesen, der innerste Kern Seines Lebens, ist Liebe, Suche nach Beziehung. „Liebe" – das heißt Gottes Leidenschaft für Beziehung, eine Leidenschaft, die alle Grenzen und Gräben überwindet, und alles zunichtemacht, wodurch Menschen Gott widersprechen, Zerstörung und Unfrieden anrichten. Ein einziger Satz der Bibel fasst all dies zusammen. Wenn man diesen Satz verstanden hat, dann hat man alles verstanden. Allerdings: diesen

Satz wirklich zu verstehen, heißt zu erkennen, dass man ihn nicht erschöpfen und ausmessen kann, vielmehr sein Leben lang wohl immer wieder neu ansetzen muss. Johannes 3,16: *„Gott hat die Menschen so sehr geliebt, dass er seinen einzigen Sohn hergab. Nun werden alle, die sich auf den Sohn Gottes verlassen, nicht zugrunde gehen, sondern ewig leben."* Dieser Satz redet von der liebevollen Zuwendung, mit der Gott in Jesus uns verlorene Menschen sucht, uns zum Glauben ruft, uns zu einem Leben in Seiner Gemeinschaft bestimmt, das über den leiblichen Tod hinaus bis in alle Ewigkeit währt. Weil die Christenheit in dieser Liebe die Fülle Gottes erkennt, spricht sie von Gott als dem „dreieinigen Gott": dem Gott, der da ist Vater, Sohn und Heiliger Geist, von Ewigkeit zu Ewigkeit. Gott ist in sich selbst schon der Liebende: der Vater, der den Sohn liebt, der Sohn, der den Vater liebt; Vater und Sohn, die im Liebesband des Heiligen Geistes miteinander verbunden sind. So ist Gott in sich der Liebende und diese Liebe lässt Er ausströmen in Seine Schöpfung hinein. Gott geht aus sich heraus, um uns an sich zu ziehen: der Heilige Geist wohnt in unseren Herzen, verbindet uns mit Jesus, dem Sohn; und darin haben wir Gemeinschaft mit dem Vater im Himmel. Es sind eigentlich zwei Bewegungen der Liebe, die einander entsprechen. Der Vater geht aus sich heraus und erschafft die Welt, eine Wirklichkeit, die von Ihm unterschieden ist. Der Vater sendet den Sohn in die Welt, die sich von ihm getrennt hat. Der Vater und der Sohn senden den Heiligen Geist, um die Schöpfung zu vollenden in der Fülle Gottes: Vater, Sohn und Heiliger Geist - Schöpfer, Versöhner und Vollender; und darin Gott alles in allem. Dem entspricht unser eigener Weg zurück zu Gott: im Heiligen Geist durch den Sohn zum Vater.

Alles, was hier gesagt wird und was in der Geschichte der Christenheit oft so unendlich kompliziert ausgedrückt wurde, dient nur der Erläuterung dieses einen Satzes: „Gott ist die Liebe"! Daher ist der christliche Glaube in seinem Zentrum Glaube an den dreieinigen Gott,

Berührung durch die Fülle Gottes und der persönliche Weg in diesen „Abgrund der Liebe".

Am Ende von allen steht deshalb der große Lobpreis (Römer 11,33-36): „Wie unergründlich tief ist Gottes Reichtum, wie tief seine Weisheit und seine Voraussicht! Wie unerforschlich sind seine Gerichtsurteile, wie unbegreiflich seine Führungen! Denn wer hat die Gedanken des Herrn erkannt, oder wer ist sein Ratgeber gewesen? Wer hat ihm je ein Geschenk gemacht, sodass er etwas dafür fordern könnte? Von Gott kommt alles, durch Gott lebt alles, zu Gott geht alles. Ihm gehört die Herrlichkeit für immer und ewig! Amen."

aus Psalm 104

27 Alle deine Geschöpfe warten darauf,
dass du ihnen Nahrung gibst zur rechten Zeit.
28 Sie nehmen, was du ihnen ausstreust;
du öffnest deine Hand
und sie alle werden satt.
29 Doch wenn du dich abwendest, sind sie verstört.
Wenn du den Lebenshauch zurücknimmst,
kommen sie um und werden zu Staub.
30 Schickst du aufs Neue deinen Atem,
so entsteht wieder Leben.
Du erneuerst das Gesicht der Erde.
31 Die Herrlichkeit des HERRN
bleibe für immer bestehen;
der HERR freue sich an allem,

was er geschaffen hat!
32 Er sieht die Erde an und sie bebt,
er berührt die Berge und sie rauchen.
33 Ich will dem HERRN singen
mein Leben lang;
meinen Gott will ich preisen,
solange ich atme.
34 Ich möchte ihn erfreuen mit meinem Lied,
denn ich selber freue mich über ihn.
35 Wer sich gegen den HERRN empört,
soll von der Erde verschwinden,
es soll keine Unheilstifter mehr geben!
Auf, mein Herz, preise den HERRN!
Preist alle den HERRN – Halleluja!

Lukas 11,5-10

5 Dann sagte Jesus zu seinen Jüngern: »Stellt euch vor, einer von euch geht mitten in der Nacht zu seinem Freund und bittet ihn: 'Lieber Freund, leih mir doch drei Brote! 6 Ich habe gerade Besuch von auswärts bekommen und kann ihm nichts anbieten.' 7 Würde da der Freund im Haus wohl rufen: 'Lass mich in Ruhe! Die Tür ist schon zugeschlossen und meine Kinder liegen bei mir im Bett. Ich kann nicht aufstehen und dir etwas geben'? 8 Ich sage euch, wenn er auch nicht gerade aus Freundschaft aufsteht und es ihm gibt, so wird er es doch wegen der Unverschämtheit jenes Menschen tun und ihm alles geben, was er braucht. 9 Deshalb sage ich euch: Bittet und ihr werdet bekommen! Sucht und ihr werdet finden! Klopft an und es wird euch geöffnet! 10 Denn wer bittet, der bekommt; wer sucht, der findet; und wer anklopft, dem wird geöffnet.

Anhang

Auf dem Glaubensweg kann es sehr hilfreich sein, wenn uns der Ruf Gottes getroffen hat und wir im Herzen spüren, dass es an der Zeit ist, dass wir unser Leben Gott ausdrücklich anvertrauen und In als den Herrn anerkennen. Das heißt zum einen: Sünde, also Trennendes zu erkennen und zu bekennen. Das heißt zum anderen: Gott in das eigene Leben hinein einzuladen. Hier eine mögliche Formulierung für ein solches Gebet. Gut ist es auch, wenn ein Christenmensch einem an der Schwelle zum Glauben stehenden Menschen anbieten kann, ein solches Gebet mitzubeten. Das Gebet ist ein Vorschlag, man kann ganz andere und eigene Formulierungen finden.

Gebet der Lebensübergabe

Herr Jesus Christus,
Du hast mich gerufen. Hier bin ich vor Dir.

Mir ist klar geworden, dass ich mein Leben selbst bestimmt habe und von Dir getrennt bin.

Vergib mir meine Schuld!

Danke, dass Du für meine Sünde gestorben bist.

Bitte komm Du in mein Leben als mein Erlöser und Herr und verändere mich so, wie Du mich haben willst.

-Stille, Raum für eigenes Gebet-

Danke, dass Du mein Gebet beantwortest. Danke, dass Du jetzt in meinem Leben bist.

Oft finden Menschen zum Glauben durch tiefe Verletzungen und Schmerzen hindurch. Es kann gut sein, sich diesen Verletzungen und Schmerzen zu stellen, sie zu benennen, sie in das eigene Leben zurückzuholen und ihnen einen angemessenen Platz zu geben. Sie verlieren dann ihre zerstörerische Macht. Diesen Prozess kann man „innere Heilung" nennen. Es ist wichtig, sehr spürsam zu sein, ob die Begegnung mit der inneren Finsternis an der Zeit ist. Bei traumatisierenden Ereignissen etwa können sehr tiefe Emotionen ausgelöst werden, die eine kundigen Begleitung durch erfahrene Seelsorgerinnen oder Therapeutinnen notwendig machen.

Gebet um innere Heilung

Gott, ich weiß nicht, wie ich dich anreden soll, noch nicht einmal, ob Du mich überhaupt hörst. Zweifel leben in mir, ob Du da bist, ob Du für mich da bist.

Aber ich habe von Dir gehört als Quelle heilender Liebe. Das hat mich sehnsüchtig gemacht nach Deiner guten heilenden Gegenwart. Ich bringe nur einen Funken Hoffnung mit. Lass mich jetzt spüren, dass Du da bist.

Vor Dir will ich aussprechen, was mir so weh getan hat und was noch jetzt weh tut.

Ich denke an meine Kindheit zurück, spüre noch jetzt den Mangel an bedingungsloser Liebe, Zuwendung und Anerkennung. Manches Wort meiner Eltern sitzt in mir wie ein Stachel. Ihr Versuch mich zu binden, ihre Erwartung, dass ich meinen eigenen Weg unterdrücke, ihr Streit, der mich erschreckte, ihr Überfordern und Korrigieren, das manchmal so ohnmächtige Wut in mir weckte.

All das hat mein Selbstwertgefühl verletzt.

Ich ahne, Gott, wo meine Eltern durch Vernachlässigung oder Überbehütung meine Lebensentwicklung hemmten. Und vielleicht liegt es an meinem eigenen Vater, dass ich zu Dir, Gott, noch nicht Vater sagen kann.

Ich denke an meine Beziehungen, an meine Ehe oder an mein Alleinsein, an meinen Partner, den ich habe, oder an den, den ich vermisse.

Da ist so viel Verbitterung in mir über versäumte Möglichkeiten und unerfüllte Sehnsüchte. Da ist so viel Enttäuschung über dumpfes aneinander vorbei Leben.

Da sind abgebrochene Träume, Worte, die verletzten, Wunden, die nicht heilen wollen.

Ich denke an meinen beruflichen Werdegang. Mancher Weg wurde mir verbaut, manche Chance gestohlen. Mir hat weh getan, wenn Konkurrenten mir vorgezogen, meine Leistungen übergangen, meine Fähigkeiten unterschätzt wurden. Manches hat mich bitter und stumpf werden lassen.

Ich denke auch an Verletzungen durch Kirche und Christen: viele hohle Worte und so wenig glaubwürdiges Leben.

Ich denke auch an Verletzungen, die ich mir selbst zufügte: durch beständiges Herumnörgeln an mir, durch Selbstverneinung und Selbstüberforderung.

Gott, da ist so vieles, was in mir weint. Manches kann ich noch nicht aussprechen. Und noch immer weiß ich nicht, ob Du für mich bist.

Aber wenn, dann bitte ich Dich jetzt: komm Du mit der Kraft Deiner heilenden Liebe in mein Leben.

Zieh Du die Verbitterung und den Groll aus meinen schmerzhaften Erinnerungen. Fang Du an meine Wunden zu heilen.

Amen

Das Apostolische Glaubensbekenntnis

Das Apostolische Glaubensbekenntnis geht auf die Frühzeit der Kirche zurück. Seit Anfang des 5. Jahrhunderts ist es in seiner jetzigen Form schriftlich belegt. Als Taufbekenntnis verbindet es die Kirchen. Die evangelischen Kirchen bekennen es in weltweiter Gemeinschaft mit der römisch-katholischen Kirche, der altkatholischen Kirche, den anglikanischen Kirchen und vielen anderen. Es hat seinen traditionellen Ort in der Feier des Gottesdienstes.

Ich glaube an Gott,
den Vater, den Allmächtigen,
den Schöpfer des Himmels und der Erde,
und an Jesus Christus,
seinen eingeborenen Sohn, unsern Herrn,
empfangen durch den Heiligen Geist,
geboren von der Jungfrau Maria,
gelitten unter Pontius Pilatus,
gekreuzigt, gestorben und begraben,
hinabgestiegen in das Reich des Todes,
am dritten Tage auferstanden von den Toten,
aufgefahren in den Himmel;
er sitzt zur Rechten Gottes,
des allmächtigen Vaters;
von dort wird er kommen,
zu richten die Lebenden und die Toten.
Ich glaube an den Heiligen Geist,
die heilige christliche Kirche, Gemeinschaft der Heiligen,
Vergebung der Sünden, Auferstehung der Toten
und das ewige Leben.
Amen.